POOF!

Neues für kreative Kids

SO BUNT WIE DAS LEBEN

30 berühmte Städte
So bunt ist die Welt.
Empfohlen ab 8 Jahren.
ISBN 978-3-7358-5309-7
64 S., HC, € (D) 22,00

Enzyklopädie der Alltagsdinge | Vom Kühlschrank bis zur Wäscheklammer. Empfohlen ab 8 Jahren.
ISBN 978-3-7358-5310-3
84 S., HC, € (D) 18,00

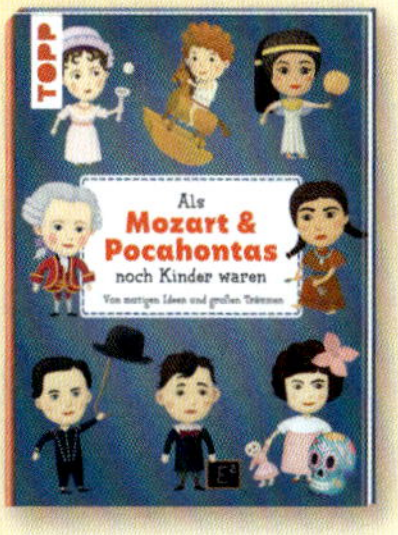

Als Mozart & Pocahontas noch Kinder waren
Von mutigen Ideen und großen Träumen.
Empfohlen ab 8 Jahren.
ISBN 978-3-7358-5311-0
48 S., HC, € (D) 17,00

Woraus besteht das?
Dinge ordnen, sortieren und verstehen. Empfohlen ab 3 Jahren.
ISBN 978-3-7358-5312-7
40 S., HC, € (D) 16,00

Das inoffizielle Harry-Potter-Mitmachbuch – Mein Schuljahr in Hogwarts
ISBN 978-3-7358-9160-0
128 S., HC, € (D) 19,99

Fantastische Harry-Potter-Papierflieger
Mit illustrierten Faltpapieren zum Sofort-Loslegen!
ISBN 978-3-7358-9128-0
176 S., SC, € (D) 12,99

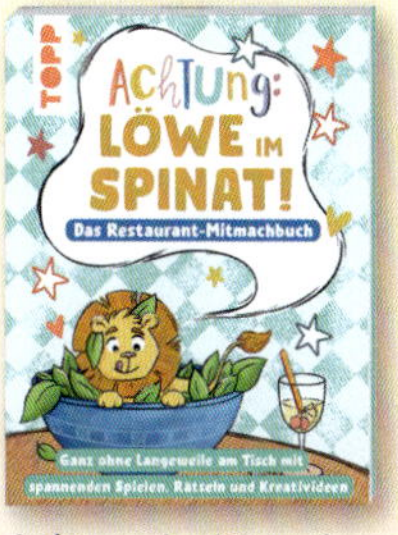

Achtung! – Löwe im Spinat: Das Restaurant-Mitmachbuch
Spannende Rätsel, Spiele und Kreativideen
ISBN 978-3-7358-9176-1
80 S., SC, € (D) 8,99

Bastelspaß mit Leucht-Effekt | 30 coole Projekte, die im Dunkeln leuchten
ISBN 978-3-7358-0170-0
96 S.,HC, € (D) 14,99

Let's Roll – Das coolste Murmelbahn-Bastelbuch | Mit Neon-Murmel
ISBN 978-3-7358-9169-3
80 S., HC, € (D) 13,99

Basteln ohne Worte – Das kann doch jedes Kind
Mit Videos
ISBN 978-3-7358-9171-6
112 S., HC, € (D) 14,99

Höher, schneller, weiter!
Der Challenge-Spieleblock mit 3 Würfeln
Ab 7 Jahren
ISBN 978-3-7358-9172-3
128 S., HC, € (D) 13,99

Challenge accepted!
Mit 3 Würfeln und 60 Challenges. Ab 13 Jahren
ISBN 978-3-7358-9173-0
128 S., HC, € (D) 13,99

Die Kunst des Zeichnens für Kinder
ISBN 978-3-7724-8437-7
144 S., HC, € (D) 16,00

Die Kunst des Zeichnens für Kinder Zeichen-schule – Tiere
ISBN 978-3-7358-9006-1
128 S., HC, € (D) 16,00

Die Kunst des Zeichnens für Kinder Zeichenschule – Ich zeichne Katzen
ISBN 978-3-7358-9165-5
48 S., SC, € (D) 9,99

Die Kunst des Zeichnens für Kinder Zeichenschule - Ich zeichne Dinosaurier
ISBN 978-3-7358-9166-2
48 S., SC, € (D) 9,99

Trickbilder – versteckte Motive aus Punkten, Linien uns Spiralen
ISBN 978-3-7358-9134-1
96 S.,SC, € (D) 8,99

Malbuch Pferdeliebe
Das Pferde-Malbuch ab 10 Jahren
ISBN 978-3-7358-9179-2
96 S.,SC, € (D) 9,99

Bauen, Tüfteln, Selberma-chen. Die Kinderwerkstatt
ISBN 978-3-7358-9141-9
112 S., HC, € (D) 15,99

365 Rund-ums-Jahr-Bastelideen
ISBN 978-3-7358-9025-2
208 S., HC, € (D) 24,99

Natur trifft Papier
ISBN 978-3-7358-9086-3
112 S., HC, € (D) 14,99

Mein Schmuckbastel-block
ISBN 978-3-7358-9104-4
160 S., SC, € (D) 12,99

Meine erste Laterne
Supereinfache Laternen für die Kleinsten
ISBN 978-3-7358-9189-1
64 S., HC, € (D) 12,99

Das Weihnachtsbastel-buch für Kids
ISBN 978-3-7358-9188-4
112 S., HC, € (D) 15,99

Näh dir deinen Style!
Young Fashion - Best of Collection
ISBN 978-3-7358-9101-3
192 S., SC, € (D) 16,99

Nähen lernen auf Papierbögen
ISBN 978-3-7358-9102-0
64 S., HC, € (D) 14,99

Die Kinder-Handarbeits-schule: Nähen, Stricken, Häkeln, Sticken, Weben
ISBN 978-3-7358-9130-3
176 S., SC, € (D) 16,99

Die schönsten Frisuren für Kids - Vom frechen Pferdeschwanz bis zur Flechtfrisur, kinder-leicht erklärt! + Videos
ISBN 978-3-7358-9138-9
80 S., HC, € (D) 12,99

www.topp-kreativ.de

Susanne Pypke

BASTELSPASS MIT LEUCHT-EFFEKT

30 coole Projekte, die im Dunkeln leuchten

INHALTSVERZEICHNIS

STRAHLEND SCHÖN 56

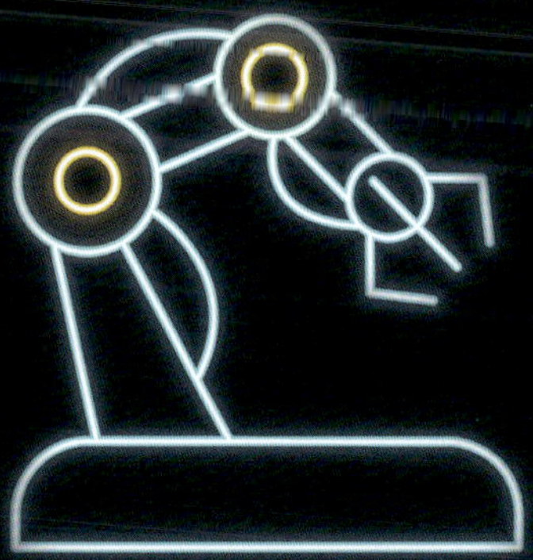

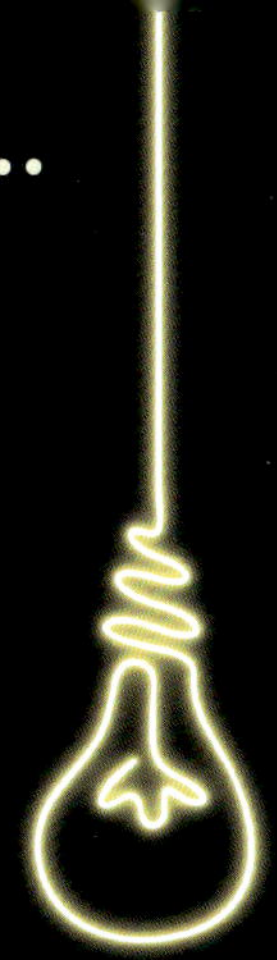

VORWORT

Ein Dinosaurier, der in der Nacht leuchtet und eine Meerjungfrau mit schillerndem Schuppenkleid: So cool war basteln noch nie! Die „Glow in the dark"-Effekte machen die Bastelideen in diesem Buch zu etwas ganz Besonderem. Oder hast du schon einmal mit nachleuchtenden Papieren, Farben, Garnen, Perlen und Modelliermassen gearbeitet? Höchste Zeit, es auszuprobieren!

Im Bastelfachhandel und im Onlinehandel werden zahlreiche Produkte mit „Glow in the dark"-Effekt angeboten. Die Palette reicht von Fingerfarben für die Allerkleinsten bis hin zu Bügelfolien für Textilien. Diese Produkte sind bei richtiger Handhabung gesundheitlich unbedenklich. Sie lassen sich wie jedes andere Bastelmaterial einsetzen und verarbeiten. Ihre Leuchtkraft erhalten diese Materialien durch spezielle Pigmente. Sie laden sich im Licht auf und leuchten dann für eine bestimmte Dauer nach. Bei Tageslicht sehen die Projekte in diesem Buch also ganz normal aus. Aber sobald das Licht ausgeht, fangen sie an, ihre einzigartige Magie zu entfalten und verändern ihr Aussehen und ihre Farben. Mal leuchten sie freundlich, mal beruhigend, mal magisch, mal düster – je nach Motiv kann die Wirkung ganz unterschiedlich sein. Aber sie sorgen immer für einen überraschenden Wow-Effekt.

Worauf wartest du also noch? Licht aus, Farbe an!

Viel Spaß wünscht dir

Susanne Pypke

GRUNDANLEITUNG

MATERIAL

Neben den Materialien und Hilfsmitteln, die in den einzelnen Materiallisten aufgeführt werden, solltest du immer eine Grundausstattung an Werkzeugen zur Verfügung haben. Dazu gehören:

- Bastelschere, am besten eine große und eine kleine
- Bleistift
- Radiergummi
- Spitzer
- Lineal
- Geodreieck®
- Klebefilm
- feuchter Lappen zum Abwischen
- schnittfeste und abwaschbare Bastelunterlage
- Schmierpapier
- Paus- oder Kopierpapier
- Zeitungspapier als Unterlage (optional)
- Malerkittel (optional)

VORLAGEN ÜBERTRAGEN

Mach eine Kopie von der Vorlage – entweder mit einem Fotokopiergerät oder durch Abpausen. Schneide die Vorlage aus und verwende sie als Schablone: Lege sie auf das gewünschte Material und umfahre sie mit einem Bleistift.

Wenn das Motiv aufwändiger ist oder Innenlinien hat, kannst du es auch mit Kohlepapier übertragen. Lege das Kohlepapier mit der beschichteten Seite nach unten zwischen die Vorlage und das gewünschte Material und ziehe dann alle Linien sauber nach. Damit nichts verrutscht, fixierst du die Papierlagen mit Klebefilm.

TIPP

Wenn du kein Kohlepapier hast, kannst du die Rückseite der Kopie mit Bleistift schwärzen. Das funktioniert fast genauso gut.

MALEN MIT NACHLEUCHTFARBE

Nachleuchtfarben leuchten umso intensiver, je dicker sie aufgetragen werden. Darum ist es sinnvoll, die Farbe in mehreren Schichten aufzubringen. Zwischen den einzelnen Schichten lässt du die Farbe unbedingt gut trocknen. Außerdem leuchten die Farben auf hellen Untergründen intensiver. Es lohnt sich daher, zuerst alles mit weißer Farbe oder einer weißen Grundierung anzumalen.

Bei größeren Flächen wird der Farbauftrag schöner, wenn du einen Schwamm zum Auftupfen benutzt. Dann sieht man keine Pinselstriche. Bei dickflüssigen Farben wie Windowcolor, Pluster- und Liner-Pen oder Glitter Glue genügt ein einmaliger Farbauftrag. Mit einer Schwarzlicht-Taschenlampe kannst du schnell prüfen, ob du die Farbe gleichmäßig aufgetragen hast und wie sie im Dunkeln leuchtet. Es lohnt sich auch, die Herstellerangaben der Produkte zu lesen. Dort bekommst du oft wichtige Anwendungstipps.

TIPP

- Mit Schwarzlicht (UV-Licht) werden nachleuchtende Materialien schnell mit Licht aufgeladen. Außerdem lässt das Licht auch Tagesleuchtfarben (Neonfarben) richtig cool strahlen.
- Achte beim Kauf von Farben auf die Produktbeschreibung. Es gibt auch Leuchtfarben, die nur bei Tag oder unter Schwarzlicht leuchten. Sie leuchten nicht im Dunkeln nach.

QUASTE WICKELN

1 Wickle die Wolle zehn oder fünfzehn Mal um die Zinken der Gabel. Ziehe unter der aufgewickelten Wolle einen Abbindefaden durch (hier gelb) und mache an der Seite der Gabel einen festen Knoten. Nimm einen zweiten Abbindefaden (hier grün), lege ihn in der oberen Lücke zwischen den Zinken um die aufgewickelte Wolle und mache einen festen Knoten.

2 Ziehe die Gabel heraus und schneide die gewickelte Wolle unten auf. Danach schneidest du die Fäden der Quaste auf eine Länge – auch die Enden des zweiten Abbindefadens (grün) mit abschneiden.

GABEL-POMPON UND GABEL-SCHLANGE

1 Wickle die Wolle so oft, wie in der Anleitung beim Modell angegeben, um die Zinken der Gabel. Ziehe dann einen Abbindefaden in der Mitte durch die Zinken der Gabel und binde die aufgewickelte Wolle mit einem festen Knoten ab. Bei der Schlange nimmst du dafür wie in der Anleitung angegeben den langen reißfesten Faden.

2 Ziehe die Gabel heraus und schneide an beiden Enden die Schlaufen auf. Damit ist der Pompon fertig und du kannst ihn in Form schneiden. Bei der Schlange ist nun dagegen erst der erste Abschnitt fertig und es geht weiter mit Schritt 3.

3 Wickle die Wolle für den nächsten Abschnitt der Schlange so oft, wie in der Anleitung beim Modell angegeben, um die Zinken der Gabel. Dann legst du die Enden des Abbindefadens aus Schritt 1 mittig um die aufgewickelte Wolle und bindest sie mit einem festen Knoten ab. Der bereits fertige Abschnitt der Schlange befindet sich auf der Unterseite der Gabel, der Knoten befindet sich oben.

4 Ziehe die Gabel wieder heraus und schneide die Schlaufen des neuen Schlangen-Abschnitts auf. Dann wiederholst du Schritt 3 und Schritt 4 so oft, wie in der Anleitung beim Modell angegeben. Am Schluss die Schlange mit einem festen Knoten beenden.

POMPON MIT PAPPSCHABLONE WICKELN

Wenn du den Pompon mit einer Pappschablone erstellst (siehe Plüschige Meeresbewohner auf Seite 24/25), gehst du genauso vor wie beim Gabel-Pompon beschrieben, nur wickelst du die Wolle um die Pappe statt um die Gabel. Den Abbindefaden ziehst du durch den Schlitz in der Pappe.

HINWEISE

Beim Basteln mit „Glow in the dark"-Materialien gibt es nicht viel zu beachten, was nicht auch bei anderen Bastelmaterialien gilt. Beim Arbeiten mit Farben solltest du grundsätzlich aufpassen, da sie allergische Reaktionen auslösen können. Vermeide darum direkten Hautkontakt (außer bei Fingerfarbe). Auch verschluckbare Kleinteile wie Perlen sollten immer außerhalb der Reichweite von Kleinkindern aufbewahrt werden. Bügeleisen und Heißklebepistolen sollten nur von Erwachsenen oder unter ihrer Aufsicht verwendet werden.

SCHWIERIGKEITSGRADE

schnell & einfach — braucht etwas Übung — für Profis

YEAH!
POW

SPIEL & SPASS

Kleine MEERJUNGFRAU

DU BRAUCHST

- Tonkarton in Hautfarbe nach Wahl, 12 cm x 23 cm
- Papierrest in Rosarot
- nachleuchtende Wolle in Hellblau
- Chenilledraht in Hautfarbe nach Wahl, 2x 30 cm lang
- nachleuchtende Bügelperlen, z. B. in Rosa, Orange, Weiß und Blau
- Steckplatte, quadratisch, 29 x 29 Stifte
- Acrylmarker in Weiß
- feiner Filzstift in Schwarz
- Buntstift in Pink
- Bügeleisen
- Backpapier
- UHU Alleskleber

Vorlage auf Seite 86

1 Stecke die Bügelperlen mithilfe des Steckmusters auf die Steckplatte, sodass der Körper und die Flosse der Meerjungfrau entstehen. Decke die Bügelperlen mit dem Backpapier ab und bitte einen Erwachsenen, sie bei mittlerer Temperatur zu bügeln, bis die Perlen miteinander verschmelzen. Abkühlen lassen und von der Steckplatte abnehmen.

2 Schneide die Meerjungfrau mithilfe der Vorlage aus dem Tonkarton aus. Male das Gesicht auf und klebe danach das Bügelperlenmotiv auf. Gut trocknen lassen.

3 Für die Arme verdrehst du die beiden Chenilledrähte locker miteinander und klebst sie auf den Rücken der Meerjungfrau. Schneide einen 1 cm x 5 cm großen Tonkartonstreifen zu und klebe ihn zur Verstärkung des Halses auf der Rückseite auf. Dadurch werden auch die Arme besser fixiert.

4 Schneide die Wolle für die Haare zu. Du brauchst 30 Fäden mit 35 cm Länge. Lege immer neun Fäden zu einem Bündel und binde sie in der Mitte mit einem weiteren Faden zusammen. Dann klebst du die drei Bündel nebeneinander auf der Rückseite des Kopfes auf.

5 Nun schneidest du noch einmal 15 Fäden mit 35 cm Länge zu und bindest immer vier Fäden mit einem weiteren Faden in der Mitte zusammen. Klebe die drei Bündel auf der Vorderseite oben an den Kopf.

6 Frisiere die Haare der Meerjungfrau. Flechte zum Beispiel mit neun Fäden einen lockeren Zopf und binde ihn unten mit einem Wollfaden ab. Danach schneidest du den Seestern aus dem rosaroten Papier aus, verzierst ihn mit dem Filzstift und klebst ihn auf den Haaransatz.

TIPP

Schüttle die Rakete und beobachte, wie die Perlen durch die Flüssigkeit gleiten. Das kann ziemlich beruhigend sein.

STERNENLICHT RAKETE

DU BRAUCHST

- PET-Flasche, 250 ml, z. B. eine leere Smoothie-Flasche
- Moosgummireste in Violett, Blaugrün und Grau
- nachleuchtende Bügelperlen, z. B. in Blau, Grün und Gelb
- Bügelperlen, z. B. in Blau, Grün und Gelb
- nachleuchtende Perlen, z. B. in Grün, Blau und Gelb
- 2-3 nachleuchtende Deko-Sterne, ø 3,5 cm
- Pluster- und Liner-Pen in Neongelb
- 200 ml flüssige Handseife in Transparent
- 1 TL UHU Glitter Glue „Glow in the Dark" in Blau
- UHU kreativ Moosgummikleber
- 50 ml Wasser
- Messbecher
- Löffel

Vorlage auf Seite 88

1 Mische die Seife, das Wasser, den Glitter Glue und die verschiedenen Perlen in dem Messbecher und fülle die Mischung anschließend in die PET-Flasche. Gib die Sterne in die Flasche und schraube den Deckel zu. Die Flasche sollte nach dem Verschließen noch ein klein wenig Luft enthalten.

2 Schneide aus dem violetten Moosgummi zwei Streifen und aus dem blaugrünen Moosgummi drei Seitenruder zu. Bestreiche die Klebefläche der Seitenruder (siehe Vorlage) mit Klebstoff, falte sie an der gestrichelten Linie und klebe beide Hälften fest zusammen. Der schmale Streifen der Seitenruder bleibt lose.

3 Stecke die Seitenruder mit den schmalen Streifen auf einen der violetten Moosgummistreifen. Die Markierungen auf der Vorlage helfen dir dabei. Klebe die Seitenruder fest. Wenn der Klebstoff getrocknet ist, kannst du den Streifen mit den Seitenrudern unten um die Flasche kleben.

4 Klebe den zweiten violetten Streifen um den Deckel der Flasche. Schneide aus dem blaugrünen Moosgummi einen 1 cm x 20 cm langen Streifen zu und klebe ihn unter dem Deckel um die Flasche. Dann schneidest du die Spitze der Rakete aus dem grauen Moosgummi zu, klebst sie zusammen und bringst sie auf dem Deckel an.

5 Nun kannst du deine Rakete noch mit dem Pluster- und Liner-Pen verzieren, damit sie im Dunkeln noch mehr leuchtet. Lass den Pen gut trocknen, bevor du mit deiner Rakete spielst, am besten über Nacht.

AQUARIUM

DU BRAUCHST

- Einmachglas, ø 11 cm, ca. 14 cm hoch
- nachleuchtende Bügelperlen in Grün und Orange
- Bügelperlen in Zitronengelb, Blaugrün und Schwarz
- Steckplatte, quadratisch, 29 x 29 Stifte
- Dekoband in Blau, 50 cm lang
- 2 Muscheln
- Sand oder kleine Steinchen
- Klebepads in Transparent
- dünner Faden
- Nadel
- Bügeleisen
- Backpapier

Vorlage auf Seite 80

1 Stecke die Perlen mithilfe des Fisch-Steckmusters auf die Steckplatte. Den Fisch auf einer Seite bügeln, sodass die Perlen miteinander verschmelzen. Lass dir dabei von einem Erwachsenen helfen. Nach dem Abkühlen den Fisch von der Platte abnehmen.

2 Stecke nun die Perlen für die Korallen mithilfe des Steckmusters auf die Steckplatte. Bitte wieder einen Erwachsenen, die Perlen zu bügeln. Nach dem Erkalten die Koralle von der Steckplatte abnehmen.

3 Klebe die Korallen mit den Klebepads innen an die Wand des Glases. Fülle vorsichtig den Sand oder die Steinchen in das Glas und lege die Muscheln hinein. Dann fädelst du oben einen Faden durch die Flosse des Fisches und verknotest die Fadenenden miteinander.

4 Klebe den Faden des Fisches unten an den Deckel des Glases. Achte darauf, dass er schön in der Mitte des Glases „schwimmt". Zum Schluss bindest du das Dekoband um.

TIPP

Bemale die Muscheln mit nachleuchtender Farbe oder Glitter Glue für noch mehr Glow-Effekt.

ROBOTER-HAMPELMANN

DU BRAUCHST

- Mini-Keilrahmen, 10 cm x 8 cm und 8 cm x 6 cm
- Graupappe, 10 cm x 8 cm, 8 cm x 6 cm und 1,5 cm x 7 cm
- Tonkartonreste in Blau und Neon-Orange
- 4 kleine Musterbeutelklammern
- 2 nachleuchtende Wackelaugen, ø 1,5 cm
- Chenilledraht in Neon-Orange, 10 cm lang
- Pompon in Blau, ø 2 cm
- Perle in Blau (ggf. nachleuchtend)
- Schmuckkordel in Blau, ca. 30 cm lang
- Acrylfarbe in Grau und Nachleuchtgelb
- Pluster- und Liner-Pen in Nachleuchtgelb, Neon-Orange und Schwarz
- UHU Alleskleber
- Schwamm
- Faden
- Nadel
- Bürolocher

Vorlage auf Seite 81

1 Betupfe die Keilrahmen mit der grauen Farbe und lass sie trocknen. Danach tupfst du mit dem Schwamm die Nachleuchtfarbe auf. Wieder trocknen lassen.

2 Mach in das große Graupapperechteck vier Löcher (siehe Vorlage). Schneide die einzelnen Teile für den Roboter zu und loche sie wie angegeben. Setze die Arme und Beine zusammen und bringe sie mit den Musterbeutelklammern am Graupapperechteck an. Achte darauf, dass sich die Arme und Beine leicht bewegen lassen.

3 Klebe die Ohren rechts und links an den kleinen Keilrahmen. Biege den Chenilledraht im Zickzack, klebe den Pompon auf und bringe die fertige Antenne oben am Kopf an. Danach klebst du die Wackelaugen auf.

4 Verbinde zuerst die Arme und dann die Beine paarweise mit einem Faden. Ziehe den Faden dazu durch die mit dem Punkt markierte Stelle und verknote ihn. Achte darauf, dass die Arme und Beine dabei nach unten hängen.

5 Danach knotest du die Schmuckkordel an die beiden Verbindungsfäden. Beginne oben an den Armen. Das lange Ende hängt zwischen den Beinen nach unten. Das Schrittfoto zeigt dir, wie der fertige Mechanismus des Hampelmanns aussieht.

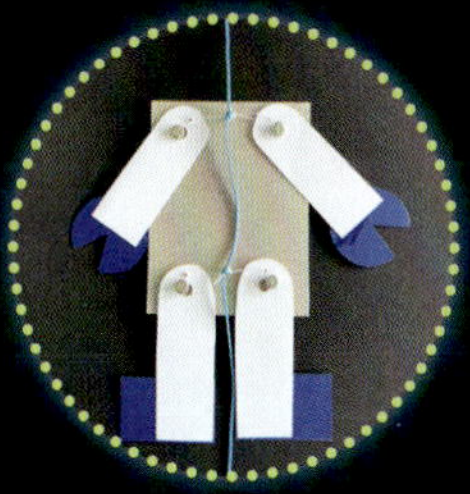

6 Knote die Perle unten an die Kordel. Klebe die Papp-kartonrechtecke auf die Rückseite der Keilrahmen und verbinde dann den Kopf mit dem Körper. Beklebe dazu den Graupappestreifen mit Tonkarton in Neon-Orange und klebe ihn als Hals auf.

7 Nun kannst du deinen Roboter nach Lust und Laune mit den Pluster- und Liner-Pens verzieren und den Mund aufmalen. Gut trocknen lassen, am besten über Nacht.

PIRATENSCHATZ

DU BRAUCHST

SCHATZKISTE

- Holztruhe, 13,5 cm x 10 cm x 8 cm
- Nachleuchtfarbe in Pink, Orange und Gelb
- Grundierung oder Acrylfarbe in Weiß
- Acrylfarbe in Braun
- Pinsel

PERLENKETTE

- ½ Packung FIMO®-Effekt in Nachleuchtend
- 1 Rippe FIMO® in Rosa
- Schmuckfaden, ca. 50 cm lang
- Zahnstocher
- Backpapier
- Backblech

TIPP
Glanzlack lässt deine Perlen zusätzlich strahlen!

SCHATZKISTE

1 Male die Holztruhe außen mit der weißen Grundierung oder Acrylfarbe an und lass sie gut trocknen. Zeichne danach mit Bleistift das Muster bzw. die Verzierung auf. Den Rest malst du braun an. Vergiss dabei das Innere der Kiste nicht.

2 Bemale die weißen Bereiche mit den Nachleuchtfarben. Hier ist der Rand pink, die Nägel und die Beschläge sind gelb, das Muster ist orange. Lass die Farbe gut trocknen und wiederhole den Anstrich mehrmals, damit die Nachleuchtfarben deckend sind und im Dunkeln kräftig leuchten.

PERLENKETTE

1 Knete den FIMO® mit warmen Händen, bis er weich ist. Rolle den nachleuchtenden FIMO® zu einer fingerdicken Schlange. Den rosa FIMO® rollst du zu einer Schlange mit gleicher Länge.

2 Für den Marmoreffekt verdrehst du die Schlangen miteinander und rollst sie danach gemeinsam zu einer langen Schlange. Lege die lange Schlange doppelt, verdrehe sie wieder und rolle sie erneut zu einer langen Schlange.

3 Wenn du mit dem Marmoreffekt zufrieden bist, hörst du auf und rollst die Knetmasse zu einer 1 cm dicken Rolle. Schneide die Rolle in 1 cm breite Stücke und rolle die Stücke nacheinander zu runden Kugeln.

4 Lege die Kugeln für etwa 10 Minuten in den Gefrierschrank, damit sie fest werden. Dann stichst du mit dem Zahnstocher das Loch in die Perlen. Lege die Perlen auf ein mit Backpapier ausgelegtes Backblech und lass sie im Ofen nach Herstellerangabe härten. Danach kannst du sie auf den Schmuckfaden ziehen.

TIPP

Flechte die Arme des Oktopus unterschiedlich lang, das sieht lebendiger aus.

Plüschige

MEERESBEWOHNER

DU BRAUCHST

SCHILDKRÖTE

- je 20 g nachleuchtende Wolle in Hell- und Dunkelgrün oder Hellgrün und Gelb
- Pappkarton, 8,5 cm x 6,5 cm
- Tonkarton in Dunkel- oder Hellgrün, 13 cm x 13 cm
- Acrylmarker in Schwarz und Weiß
- Filzstift in Grün
- Pluster- und Liner-Pen in Nachleuchtgelb oder UHU Glitter Glue „Glow in the Dark" in Grün
- UHU Alleskleber

OKTOPUS

- 50 g nachleuchtende Wolle in Orange
- Pappkarton, 8,5 cm x 6,5 cm
- Kunststoffperlen in Schwarz, ø 1,2 cm
- Wollrest in Schwarz
- Filzrest in Rosa
- Lackmarker in Weiß
- UHU Alleskleber

Vorlage auf Seite 89

SCHILDKRÖTE

1 Schneide mithilfe der Vorlage einen Schlitz in den Pappkarton und fertige wie in der Grundanleitung beschrieben einen Pompon. Beginne mit 20-mal Hellgrün und wickle die Wolle um die Pappe. Mach dann weiter mit 20-mal Dunkelgrün, 20-mal Hellgrün, 20-mal Dunkelgrün und so weiter, bis du die Pappe insgesamt 180-mal umwickelt hast. Den fertigen Pompon schneidest du auf eine Größe von etwa 6,5 cm Durchmesser.

2 Schneide mithilfe der Vorlage den Körper der Schildkröte aus. Male die Augen mit den Acrylmarkern und die Schnauze mit dem Filzstift auf und klebe den Pompon als Panzer auf. Danach kannst du die Flossen und den Kopf noch mit dem Pluster- und Liner-Pen oder mit dem Glitter Glue verzieren. Gut trocknen lassen!

OKTOPUS

1 Fertige wie in der Grundanleitung beschrieben einen Pompon an. Schneide dazu in den Pappkarton mithilfe der Vorlage einen Schlitz und umwickle ihn anschließend mindestens 200-mal mit der Wolle. Den fertigen Pompon schneidest du auf eine Größe von etwa 6,5 cm Durchmesser.

2 Für die Arme flechtest du fünf Zöpfe. Nimm dafür jeweils neun etwa 50 cm lange Fäden, teile sie in drei Stränge und verflechte sie miteinander. Oben kannst du die Fäden miteinander verknoten. Unten bindest du sie mit einem kurzen Faden ab.

3 Klebe die Arme unten in den Pompon. Anschließend klebst du die beiden Perlen als Augen auf und setzt mit dem Marker kleine Lichtpunkte. Als Mund klebst du den Wollrest auf. Für die Wangen schneidest du zwei kleine Kreise aus dem Filz zu und klebst sie auf.

Mystische DRACHENEIER

DU BRAUCHST

- Styroporei®, 8 cm lang
- ca. 100 g lufttrocknende Modelliermasse, extraleicht
- Nachleuchtfarbe in Blau und Grün oder Blau, Lila und Weiß
- Acrylfarbe in Schwarz und Grün oder Türkis und Blau
- nachleuchtendes Wackelauge, ø 3,5 cm (optional)
- Trinkhalme in unterschiedlichen Durchmessern
- leere Kugelschreiberhülle
- Pinsel
- Schwamm
- Messer (optional)

1 Für das Ei mit Drachenauge legst du das Wackelauge auf das Ei und malst den Umriss mit Kugelschreiber auf. Dann schneidest du den markierten Kreis mit dem Messer flach ab und klebst das Auge mit dem Bastelkleber auf. Achte darauf, keinen Alleskleber zu verwenden, da er das Styropor® zerstört.

2 Hülle das Ei etwa 5 mm dick mit der Modelliermasse ein. Beim Ei mit dem Drachenauge lässt du das Auge dabei frei. Am leichtesten geht das Umhüllen, wenn du die Modelliermasse zuerst flach drückst, dann um das Ei legst und zum Schluss glattstreichst.

3 Für das Ei mit Drachenauge formst du aus der restlichen Modelliermasse zwei Schnüre für den Lidrand und bringst sie um das Auge herum auf. Verstreiche die äußere Kante mit dem Ei. Dann formst du zwei etwas dünnere Schnüre und bringst sie mit ein wenig Abstand auf dem Ei an.

4 Für das Ei mit Stacheln formst du eine dicke Schnur und bringst sie in einer leichten S-Form auf dem Ei an. Feuchte dazu die Oberfläche etwas an und verstreiche die Kanten. Forme dann sieben kleine Stacheln, steche mit einem Stift Löcher in die s-förmige Erhebung und setze die Stacheln ein. Feuchte sie dazu etwas an, damit sie gut halten.

5 Danach gestaltest du die Oberfläche mit den Trinkhalmen und der leeren Kugelschreiberhülse, sodass das Ei eine schuppige Oberfläche bekommt. Wenn alles schön gestaltet ist, lässt du das Ei trocknen. Das kann bis zu drei Tage dauern.

6 Nach dem Trocknen kannst du das Ei bemalen – zum Beispiel mit leuchtenden Stacheln oder leuchtenden Augenlidern. Das übrige Ei kannst du in einer Farbe deiner Wahl bemalen. Sobald die Farbe trocken ist, kannst du mit einem Schwamm rundum noch etwas nachleuchtende Farbe auftupfen, damit das Ei bei Nacht noch magischer leuchtet.

YEAH!

FLUMMIBALL-SCHLEIM

DU BRAUCHST

- 25 ml UHU Young Creative Pen
- 10 ml UHU Glitter Glue „Glow in the Dark“ in Rosa, Orange oder Grün
- 5 TL Kontaktlinsen-Kombilösung (gepuffert)
- 1 Messerspitze Natronpulver
- Schale
- Teelöffel
- kleine, luftdicht verschließbare Dose

1 Gib den Klebstoff aus dem Pen und den Glitter Glue in die Schale. Füge dann die Kontaktlinsenflüssigkeit hinzu und verrühre alles gut miteinander. Streue eine Messerspitze Natron in die Masse und rühre sie ein. Der Klebstoff beginnt sofort zäh zu werden und Fäden zu ziehen. Rühre noch etwas weiter und lass die Masse dann kurz ruhen, damit die Inhaltsstoffe weiterwirken können.

2 Löse die Masse aus der Schale und knete sie noch einige Zeit mit der Hand, bis sie fest und wabbelig wird. Dann kannst du sie zu einem Ball formen und springen lassen. Wenn die Masse zu weich ist, knetest du noch etwas Kontaktlinsenflüssigkeit ein.

3 Der Flummiball-Schleim hat eine recht zähe Konsistenz. In Ruhe gelassen zerfließt er aber langsam wieder und verliert seine Form. Bewahre ihn darum immer in einem kleinen, luftdicht verschließbaren Gefäß auf, wenn du nicht mit ihm spielst. In der Dose ist er einige Monate haltbar. Wenn er nicht mehr brauchbar ist, kannst du ihn im Hausmüll entsorgen.

TIPP

Erstelle mehrere Portionen Flummiball-Schleim mit verschiedenen Farben und mische sie untereinander, sodass bunte Flummis entstehen.

BUNTE STRASSENKREIDE

DU BRAUCHST

- 500 g Hobbygips
- 250 ml Wasser
- selbstleuchtendes Pigmentpulver in 5 Farbtönen
- Lebensmittelfarben in passenden Farben
- 5 Becher, z. B. leere Joghurtbecher
- Eiswürfelformen oder kleine Silikonformen
- Löffel
- altes Zeitungspapier oder Pappkarton

1 Verteile das Wasser auf die fünf Becher und färbe es mit der Lebensmittelfarbe kräftig ein. Dann streust du jeweils einen gehäuften Teelöffel Nachleuchtpulver in die Masse und rührst es gut unter.

2 Gib nach und nach jeweils 100 g Gipspulver in die Becher. Kurz einsumpfen lassen und anschließend gut durchrühren. Dann darf das Gipsgemisch kurz ruhen und reifen.

3 Gib den Gips mit dem Löffel in die Förmchen und klopfe die Förmchen ein paar Mal auf die Arbeitsfläche, damit Luftblasen entweichen können. Dann lässt du den Gips abbinden. Am besten lässt du ihn dazu einige Stunden an einem ruhigen Platz stehen.

4 Wenn der Gips fest ist, kannst du die Straßenmalkreiden ausformen. Lege sie auf etwas Zeitungspapier oder auf ein Stück Karton und lass sie ganz durchtrocknen, bevor du sie benutzt. Das kann etwa ein bis zwei Tage dauern.

HINWEIS

Lass dir beim Arbeiten mit Gips von einem Erwachsenen helfen und schütze deine Hände und Augen.

LEUCHTENDE KRISTALLE

DU BRAUCHST

KRISTALL

- 1 Packung FIMO®-Effekt in Nachleuchtend
- 1 Rippe FIMO® Kids in Hellgrün
- Klarlack
- Heißkleber
- Pinsel
- Messer

ANHÄNGER

- ½ Packung FIMO®-Effekt in Nachleuchtend
- ½ Rippe FIMO® Kids in Hellgrün
- ½ Rippe FIMO® Kids in Türkis
- Lederband in Schwarz, 2x 80 cm lang
- dicke Nadel
- Klarlack
- Pinsel
- Messer

KRISTALL

1 Knete die beiden FIMO®-Knetmassen gut ineinander, sodass eine gleichmäßig durchgefärbte Masse entsteht. Dann rollst du eine etwa 2 cm dicke Rolle und schneidest sie in fünf unterschiedlich lange Stücke von 1,5 bis 5 cm Länge. Gib die Stücke für etwa eine halbe Stunde in den Gefrierschrank, damit sie fest werden.

2 Nimm die Stücke wieder heraus und schneide die Kanten mit dem Messer gerade, sodass fünfeckige Kristalle entstehen. Das obere Ende schneidest du spitz zu. Danach härtest du die Kristalle nach Herstellerangabe im Backofen.

3 Nach dem Abkühlen werden die Kristalle lackiert, damit sie schön glänzen und nach dem Trocknen abschließend mit Heißkleber zusammengeklebt.

ANHÄNGER

1 Halbiere die nachleuchtende Knetmasse und verknete eine Hälfte mit dem FIMO® in Türkis und die andere Hälfte mit dem FIMO® in Hellgrün. Rolle beide Hälften zu einer etwa 2 cm dicken Rolle und lege sie für etwa eine halbe Stunde in den Gefrierschrank.

2 Schneide die Rollen wie beim Kristall beschrieben zu und mache dann mit der Nadel am geraden Ende ein dickes Loch, sodass du später das Lederband durchziehen kannst. Dann härtest du die Kristalle nach Herstellerangabe im Backofen.

3 Nach dem Erkalten die Kristalle lackieren und trocknen lassen. Binde die Lederbänder um die Kristalle und verknote die losen Enden.

TIPP

Die Knicklichter leuchten einige Stunden lang. Wenn du an einem anderen Tag das Spiel wiederholen möchtest, benötigst du neue Knicklichter.

KEGELSPIEL

DU BRAUCHST

- 6 PET-Flaschen, 0,5 Liter
- 12 Knicklicht-Leuchtstäbe
- nachleuchtendes Klebeband, ggf. in verschiedenen Farben
- Ball
- Wasser oder Sand (optional)

1 Beklebe die Flaschen mit dem Klebeband. Die erste Flasche bekommt einen Streifen, die zweite Flasche zwei Streifen, die dritte Flasche drei Streifen und so weiter.

2 Teste wie leicht die Flaschen umfallen, wenn sie mit dem Ball getroffen werden. Fallen die Flaschen zu leicht, kannst du etwas Wasser oder Sand einfüllen, um sie schwerer zu machen.

3 Aktiviere die Knicklichter und gib jeweils zwei Stäbe in eine Flasche. Danach den Deckel schließen und die Flaschen im Dreieck aufstellen. Stelle die Flasche mit einem Streifen ganz nach vorne. In der zweiten Reihe stehen die Flaschen mit zwei und drei Streifen. In der letzten Reihe stehen die Flaschen mit vier, fünf und sechs Streifen.

4 Wenn du magst, kannst du auf dem Boden mit dem Klebeband eine Kegelbahn aufkleben. Markiere außerdem, von wo der Ball gespielt werden muss und wie die Kegel aufgestellt werden.

5 Und schon kann es losgehen. Wer wirft die meisten Kegel um? Ihr könnt entweder bei jedem Wurf die Zahl der gefallenen Kegel zählen oder die Zahl der Ringe addieren, die auf den umgefallenen Kegeln aufgeklebt sind. Nach zehn Runden wird der Gewinner ermittelt.

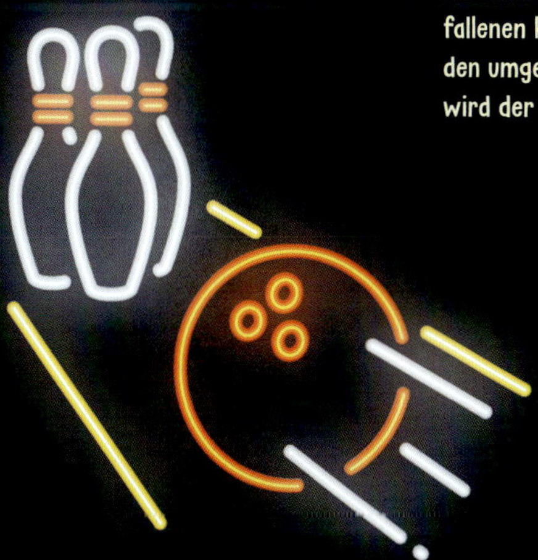

YEAH!
POW

GÄNSE-HAUT

WOLL-ALIENS

DU BRAUCHST

- nachleuchtende Wolle in Dunkelgrün oder Dunkelgelb
- Pappkarton, 10 cm x 8 cm
- Klopapierrolle
- Papier in Grün oder Orange, ca. 10 cm x 15 cm
- Chenilledraht in Neon-Grün oder Neon-Orange, 30 cm lang
- 2 Pompons in Hellblau oder Lila, ø 2 cm
- nachleuchtendes Wackelauge, ø 3,5 cm oder 3 x ø 1,5 cm
- UHU Alleskleber

1 Wickle die Wolle etwa 150-mal um den Pappkarton. Für den großen Alien nimmst du den Karton hochkant, für den kleinen Alien nimmst du den Karton quer.

2 Schiebe die Wolle vorsichtig von der Pappe, fädle einen 30 cm langen Faden durch und mache einen festen Knoten. Danach schneidest du die Wollfäden am gegenüberliegenden Ende auf.

3 Beklebe die Papprolle mit dem Papier und schneide sie auf die passende Höhe zu. Dann klebst du den Wollpuschel auf, sodass die Fäden in alle Richtungen herunterhängen. Bestreiche den oberen Rand der Papprolle dazu etwa 1 cm breit mit Klebstoff und drücke den Wollpuschel gut an.

4 Wickle den Chenilledraht um einen Stift und ziehe ihn ab, sodass der Draht schön gelockt ist. Schneide zwei Stücke in der passenden Länge ab. Bestreiche das untere Ende mit Klebstoff, stecke die Fühler durch die Wollfäden in die Papprolle und klebe sie innen fest.

5 Klebe die Pompons auf die Enden der Fühler und bringe das große Wackelauge oder die drei kleinen Wackelaugen auf dem Wollpuschel an.

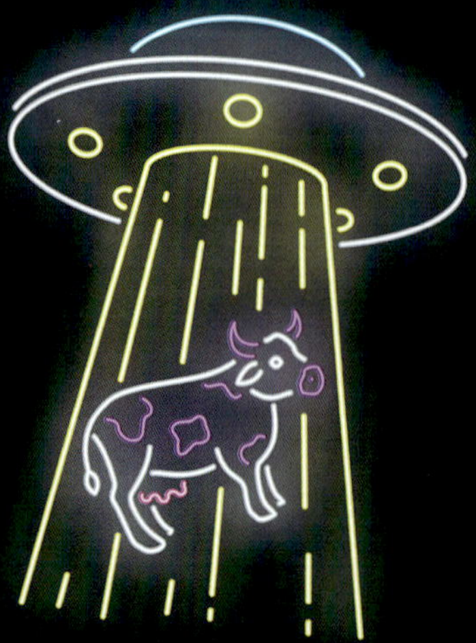

TIPP
Tupfe etwas nachleuchtenden Glitter Glue auf die Pompons, damit sie im Dunkeln leuchten.

TIPP

Bewahre den Schleim in einem Schraubglas oder in einer luftdichten Dose auf, damit er nicht austrocknet. Creme deine Hände vor dem Spielen mit dem Schleim am besten mit Handcreme ein.

Dunkler

KRÖTENZAUBER

DU BRAUCHST

KRÖTE

- Styroporform® „Kröte", 13 cm hoch
- Nachleuchtfarbe in Grün, Blau, Orange und Gelb
- Acrylfarbe in Grün
- Acrylmarker in Schwarz und Weiß
- Schwamm
- Pinsel

SCHLEIM

- 100 ml UHU Young Creative Pen
- 10 ml UHU Glitter Glue „Glow in the Dark" in Gelb
- 10 ml UHU Glitter Glue „Glow in the Dark" in Grün
- 5 TL Kontaktlin-sen-Kombilösung (gepuffert)
- 1 gestrichener TL Natronpulver
- Schale
- Löffel

KRÖTE

1 Tupfe mit dem Schwamm die grüne Farbe auf die Kröte und lass sie anschließend gut trocknen. Danach kannst du die Kröte nach Belieben mit den Nachleuchtfarben anmalen. Kombiniere zum Beispiel Streifenmuster und Punkte. Lass dich vom Foto inspirieren.

2 Nach dem Trocknen malst du die schwarze, schmale Pupille auf die Augen und setzt mit Weiß einen Lichtfleck.

SCHLEIM

1 Gib den Klebstoff und den Glitter Glue in die Schale und verrühre alles zu einer gleichmäßigen Masse. Gib dann fünf Teelöffel Kontaktlinsenflüssigkeit dazu und rühre sie gut ein. Danach fügst du das Natron hinzu und arbeitest es mit dem Löffel gut in die Masse ein. Diese zieht dabei zuerst Fäden und wird dann allmählich glatt und löst sich von der Schale.

2 Nun kannst du den Schleim herausnehmen und mit den Händen weiterkneten, bis er nicht mehr an den Händen kleben bleibt. Wenn der Schleim noch zu flüssig oder klebrig ist, knetest du noch etwas Kontaktlinsenflüssigkeit ein.

FLEDERMAUSMASKE

DU BRAUCHST

- Tonkarton in Schwarz, A4
- Nachleuchtpapier, selbstklebend, 10 cm x 10 cm
- Tonpapierreste in Neon-Grün oder Neon-Rot
- Permanentmarker in Schwarz
- Hutgummi
- UHU Alleskleber
- Bürolocher

Vorlage auf Seite 84

1 Schneide den Fledermauskopf aus dem schwarzen Tonkarton aus. Schneide dabei auch die Schlitze ein, an denen die Maske später in Form geklebt wird.

2 Schneide die großen Augen und die großen Innenohren aus dem grünen bzw. roten Tonpapier zu. Die kleinen Augen, die Nase, die Reißzähne und die kleinen Innenohren schneidest du aus dem nachleuchtenden Papier zu.

3 Klebe die nachleuchtenden Augen und Innenohren auf die Tonpapierzuschnitte. Male mit dem Marker runde Pupillen auf und setze einen dunklen Fleck auf die Nase. Danach klebst du die Augen, die Innenohren und die Nase auf die Maske. Die Reißzähne bringst du auf der Rückseite der Maske an.

4 Klebe die Maske an den Schlitzen zusammen (siehe Vorlage) und knicke die Ohren, sodass sie nach oben stehen. Stanze rechts und links ein Loch ein und binde das Hutgummi fest. Damit das Gummi nicht ausreißt, kannst du die Löcher zuvor auf der Innenseite verstärken.

BOO!

TIPP

Stelle ein LED-Teelicht unter das Gespenst, dann leuchtet es auch von innen.

Kleine GESPENSTER

DU BRAUCHST

- 50 g oder 100 g lufttrocknende Modelliermasse, extraleicht
- Acrylfarbe in Nachleuchtgelb
- UHU Glitter Glue „Glow in the Dark“ in Blau, Gelb und Orange
- Salzstreuer oder schlankes Trinkglas
- Wellholz
- Trinkhalm
- Messer
- Schwamm
- Pinsel

1 Nimm 100 g Modelliermasse für das große Gespenst. Für das kleine reichen etwa 50 g. Rolle die Modelliermasse zu einer Kugel und drücke diese dann flach. Nimm dazu das Wellholz zur Hilfe. Die Modelliermasse sollte etwa 5 mm dick ausgerollt werden.

2 Den Kreis von der Arbeitsfläche lösen und mit der Hand in der Mitte etwas eindrücken, sodass sich die Mitte wölbt. Dann die Modelliermasse über das Glas (Boden nach oben) oder den Salzstreuer legen.

3 Lege die Modelliermasse rundum in Falten und drücke sie etwas zusammen, sodass das Gespenst eine schöne Form erhält. Dann schneidest du die Modelliermasse rundum auf eine Höhe, damit das Gespenst nachher gut steht.

4 Stanze mit dem Trinkhalm die Augen aus und schneide, wenn du möchtest, mit dem Messer einen Mund in die Modelliermasse. Dann darf dein Gespenst trocknen. Dies kann bis zu drei Tage dauern.

5 Nimm das getrocknete Gespenst vom Glas bzw. vom Salzstreuer ab und tupfe mit dem Schwamm die nachleuchtende Acrylfarbe auf. Gut trocknen lassen und den Farbauftrag je nach Bedarf noch ein- oder zweimal wiederholen, damit das Gespenst später im Dunkeln kräftig leuchtet.

6 Wenn die Farbe getrocknet ist, kannst du dein Gespenst mit dem Glitter Glue weiter gestalten und zum Beispiel bunte Punkte oder kleine Striche aufmalen. Den Glitter Glue gut trocknen lassen, am besten über Nacht.

Mexikanischer TOTENKOPF

DU BRAUCHST

- Baumwoll-T-Shirt in Schwarz, ohne Weichspüler vorgewaschen
- Bügelbogen in Nachleuchtend
- Pluster- und Liner-Pen in Nachleucht-gelb, Neon-Gelb, Neon-Pink und Neon-Orange
- Bügeleisen
- Backpapier
- Zeitung
- Schere
- Pappe zum Einlegen, mindestens A4

Vorlage auf Seite 87

1 Übertrage den Totenkopf auf die Rückseite (raue Seite) der Bügelfolie und schneide das Motiv aus. Lege den Totenkopf dann mit der rauen Seite nach unten auf das T-Shirt. Bitte einen Erwachsenen, das Motiv nach Herstellerangabe mit dem Bügeleisen aufzubringen.

2 Nach dem Abkühlen kannst du die transparente Folie abziehen. Schiebe die Pappe unter das Motiv in das T-Shirt, damit die Farbe nicht auf die Rückseite durchdruckt. Jetzt kannst du das Motiv mit den Pluster- und Linerpens ausgestalten. Beginne innen und arbeite dann immer weiter nach außen, so kannst du am besten vermeiden, dass du versehentlich bereits bemalte Bereiche berührst und die Farbe verwischt wird.

3 Die Augen bekommen in der Mitte einen Punkt mit Nachleuchtfarbe. Darum folgen bunte Kreise, Punkte und Bogen. Wechsle zwischen den Neonfarben und der Nachleuchtfarbe ab. Auch die Tropfen auf der Stirn und die Nase gestaltest du aus. Beachte, dass die Farbe nur auf dem Baumwollshirt hält. Die Bügelfolie kann nicht bemalt werden.

4 Den Mund umrandest du mit Neonfarbe. Im Innern malst du eine Mundlinie auf und setzt quer dazu kleine Striche. Zuletzt kannst du noch die freie Fläche um den Totenkopf gestalten. Male Blätter, Blüten, Punkte – ganz wie es dir gefällt. Verwende auch hier wieder die Neonfarben und die Nachleuchtfarbe im Wechsel.

5 Lass die Farbe gut trocknen, am besten über Nacht, und bitte einen Erwachsenen, die Farbe nach Herstellerangabe im Backofen oder mit dem Bügeleisen aufzuplustern.

TIPP

Das T-Shirt vor dem Waschen auf links wenden und den Schonwaschgang einstellen.

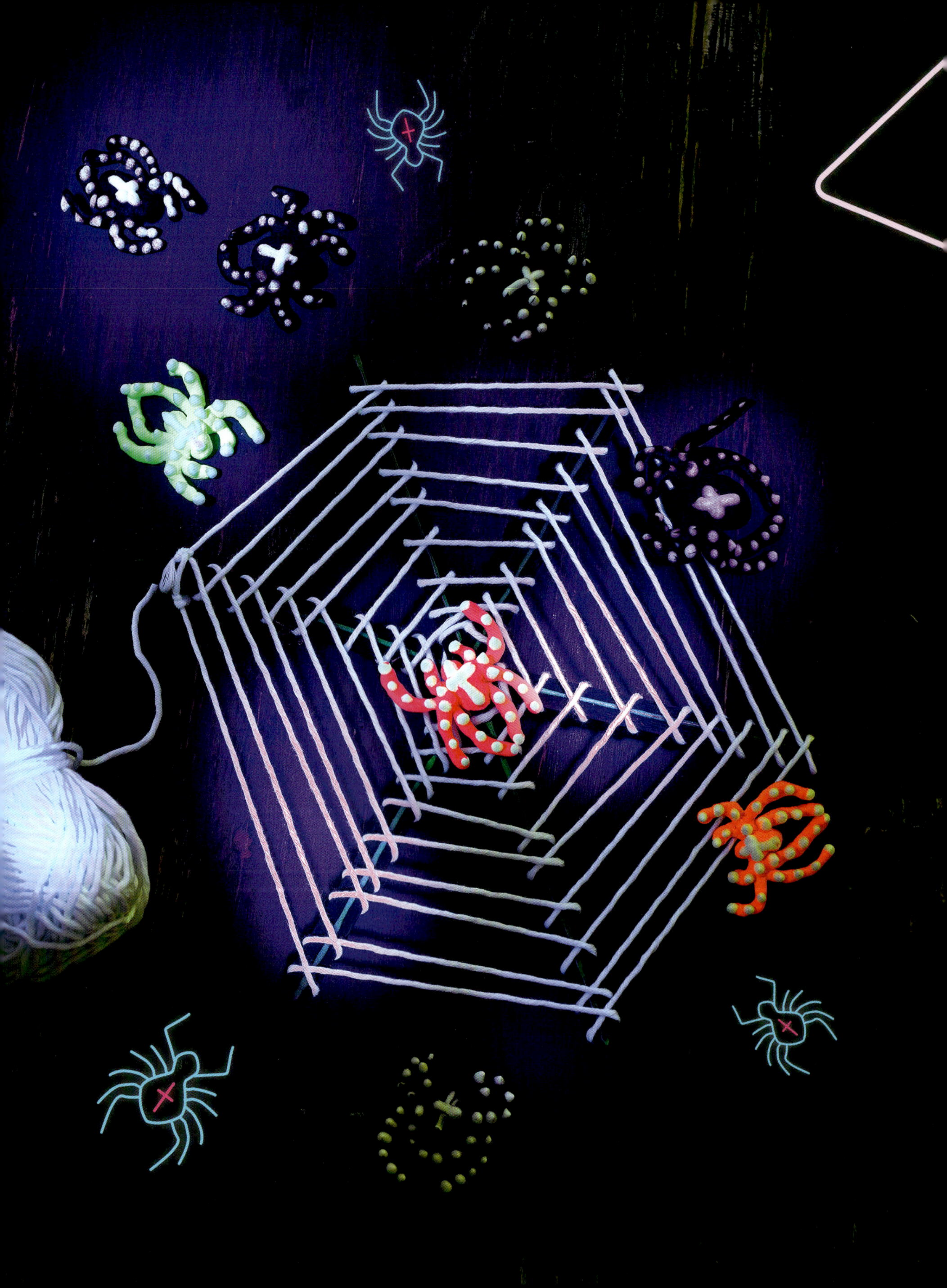

SPINNENNETZ

DU BRAUCHST

- 6 Eisstiele, ca. 25 cm lang
- nachleuchtende Wolle in Weiß
- Acrylfarbe in Schwarz
- Pluster- und Liner-Pen in Pink und Nachleuchtgelb
- Pinsel
- Backpapier
- Heißkleber
- Bastelkleber

Vorlage auf Seite 82

1 Lege das Backpapier auf die Vorlage und male die Spinne dick mit dem pinken Liner aus. Danach setzt du mit dem Liner in Nachleuchtgelb vorsichtig ein Kreuz und kleine Punkte auf. Gut durchtrocknen lassen, am besten über Nacht. Danach im Backofen nach Herstellerangabe aufplustern und vom Backpapier abziehen. Lass dir dabei von einem Erwachsenen helfen.

2 Male die Eisstiele schwarz an. Nach dem Trocknen malst du anschließend mit dem Liner in Nachleuchtfarbe mittig eine Linie auf. Gut trocknen lassen, am besten über Nacht. Klebe die Stiele mit dem Heißkleber sternförmig aufeinander. Lass dir dabei am besten wieder von einem Erwachsenen helfen.

3 Binde die Wolle in der Mitte fest und wickle sie dann im Kreis herum um die Stäbe. Dabei machst du an jedem Stab eine volle Umrundung, bevor es zum nächsten Stab weiter geht. Der Faden bildet eine Spirale, die sich langsam nach außen bewegt.

4 Wenn du am äußeren Ende der Stäbe angekommen bist, schneidest du den Faden ab und knotest ihn an einem Stab fest. Zum Schluss kannst du die Spinne mit dem Bastelkleber in das Netz kleben.

TIPP
Mach noch mehr gruselige Spinnen – auch in anderen Farben!

Giftige
SCHLANGE

DU BRAUCHST

- dicke Acrylwolle in Schwarz, ca. Nadelstärke 5
- reißfester Faden zum Abbinden, ca. 1 m lang
- ca. 20 g nachleuchtende Wolle in Neon-Gelb und Neon-Orange
- 2 nachleuchtende Wackelaugen, ø 8 mm
- Gabel
- UHU Alleskleber

1 Die Schlange wird vom Kopf zum Schwanz gearbeitet. Fertige dafür mithilfe der Grundanleitung eine Pomponschlange mit der Gabel an. Beginne mit der schwarzen Acrylwolle und wickle sie 30-mal um die Gabel, bevor du sie mit dem langen Faden abbindest. Danach wickelst du die schwarze Wolle 25-mal um die Gabel, bevor du sie abbindest.

2 Nun geht es weiter mit dem Muster. Wickle die Wolle ab jetzt immer 20-mal um die Gabel. Beginne mit Neon-Gelb. Dann geht es weiter mit 20-mal Schwarz, 20-mal Neongelb, 20-mal Schwarz, 20-mal Orange und wieder 20-mal Schwarz.

3 Wiederhole Schritt 2 noch zwei Mal. Jetzt hast du schon eine ordentlich lange Schlange. Wickle nun wie folgt weiter: 20-mal Neon-Gelb, 20-mal Schwarz, 20-mal Neon-Gelb, 20-mal Schwarz und noch einmal 20-mal Schwarz.

4 Für die Schwanzspitze wickelst du noch einmal 20-mal Schwarz, dann geht es weiter mit zwei Mal 20-mal Orange. Fertig!

5 Schneide die Schlange mit der Schere in Form, sodass sie vorne einen dickeren Kopf hat und nach hinten immer schlanker wird. Schneide die Fäden außerdem auf eine Länge, damit die Schlange glatter wird. Zum Schluss klebst du die Wackelaugen auf.

HALLOWEEN-KATZE

DU BRAUCHST

- Windowcolor-Konturenfarbe in Schwarz
- Windowcolor in Nachleuchtgelb, Orange, Blau und Türkis
- Windowcolor-Malfolie

Vorlage auf Seite 85

1 Mache eine Fotokopie der Malvorlage. Lege die Malfolie auf das Motiv und ziehe die Kontur der Katze, der Pfoten und des Schwanzes nach. Vergiss dabei die Innenlinien des Motivs nicht und achte darauf, dass alle Linien gut miteinander verbunden sind. Die Nase und die Mundlinie malst du mit Nachleuchtgelb auf. Alles gut trocknen lassen – am besten über Nacht.

2 Beginne an den Augen mit den beiden länglichen Flecken und male sie mit Orange aus. Dann malst du den Schwanz, den Körper und die Pfoten mit Blau aus. Die Schwanzspitze ist Nachleuchtgelb, der Brustfleck, die Innenohren und die Krallen ebenfalls. Der Kopf der Katze ist Türkis. Lasse alles wieder gut trocknen.

3 Zum Schluss die Augen mit Nachleuchtgelb ausmalen und ein letztes Mal trocknen lassen. Danach kannst du die Motive vorsichtig von der Malfolie abziehen und am Fenster aufstreichen, sodass es aussieht, als würde die Halloween-Katze von draußen hereinschauen.

TIPP

Achte darauf, die Farbe immer bis zu den schwarzen Konturlinien zu verteilen, damit sich alles gut miteinander verbindet.

TIPP

Schon bemerkt?
Dein Bild ist wandelbar:
Bei Tag streift der Dino durch die grüne Landschaft, in der Nacht wandert er unter dem leuchtenden Sternenhimmel.

GIGANT der Urzeit

DU BRAUCHST

- Malkarton, 30 cm x 30 cm
- Acrylfarbe in Hellblau, Hellgrün, Grün und Schwarz
- Nachleuchtpapier, selbstklebend, A5
- Pluster- und Liner-Pen in Nachleuchtgelb und Mintgrün
- Pinsel
- UHU Alleskleber

Vorlage auf Seite 82

1 Übertrage die Linien der Landschaft mithilfe der Vorlage auf den Malkarton und male die Landschaft mit den Acrylfarben aus. Bei jedem Farbwechsel zuerst die davor aufgetragene Farbe trocknen lassen.

2 Übertrage nun die Kontur des Dinos mithilfe der Vorlage auf den Malkarton. Male ihn mit schwarzer Farbe aus und lass die Farbe anschließend wieder gut trocknen.

3 Jetzt schneidest du die Knochen Stück für Stück aus dem Nachleuchtpapier aus und klebst sie auf den Dino-Körper. Die Vorlage hilft dir dabei, die Knochen richtig zu platzieren. Damit das Papier gut auf dem Malkarton hält, verwendest du den Alleskleber. Ziehe das Trägerpapier ab und bestreiche die Rückseite mit dem Klebstoff. Gut andrücken und den Klebstoff trocknen lassen.

4 Zum Schluss verzierst du dein Bild mit dem Pluster- und Liner-Pen. Trage die Farbe dick auf, damit später ein schöner 3-D-Effekt entsteht. Male ein paar mintgrüne Grasbüschel auf die dunkelgrüne Fläche und verziere sie mit dünnen Linien in Nachleuchtgelb. Der Himmel und die hellgrüne Fläche bekommen kleine Punkte in Nachleuchtgelb. Auf der hellgrünen Fläche kannst du zusätzlich mintgrüne Punkte verteilen.

5 Lass die Farbe nach Herstellerangabe (mindestens acht Stunden) trocknen. Wenn du möchtest, kannst du sie danach z. B. im Backofen aufplustern (siehe Herstellerangaben). Lass dir dabei von einem Erwachsenen helfen.

YEAH!
POW

STRAHLEND SCHÖN

GUTE-NACHT-KISSEN

DU BRAUCHST

- Kissenhülle „Stern" in Naturweiß, ø 33 cm, ohne Weichspüler vorgewaschen
- ca. 20 g nachleuchtende Wolle in Rosa
- Acryl-Nachleuchtfarbe in Nachleuchtgelb
- Pluster- und Liner-Pen in Rosé, Mintgrün, Schwarz und Nachleuchtfarbe
- Füllmaterial
- Nadel und Faden
- Schwamm
- Gabel

Vorlage auf Seite 81

1 Grundiere die Vorderseite des Kissens mit Nachleuchtfarbe und tupfe die Farbe dazu mit dem Schwamm auf den Stoff. Achte darauf, dass die Farbe nicht durch den Stoff dringt. Die Rückseite soll weiß bleiben. Lass die Farbe gut trocknen.

2 Wickle mit der rosa Wolle und der Gabel fünf kleine Quasten (siehe Grundanleitung) und nähe sie mit den Abbindefäden an die Sternspitzen.

3 Zeichne mithilfe der Vorlage das Gesicht auf dem Kissen an und ziehen den Mund und die Augen vorsichtig mit dem schwarzen Pluster- und Liner-Pen nach. Die Bäckchen malst du mit Rosa aus.

4 Verziere die obere Zacke mit einem Linienmuster in Mintgrün und Rosa und lass zwischen den Linien etwas Platz. Am restlichen Rand entlang kannst du mintgrüne und rosa Punkte aufmalen. Ganz wie es dir gefällt.

5 Lass die Farbe gut trocknen, am besten über Nacht, und bitte einen Erwachsenen, sie nach Herstellerangabe aufzuplustern. Danach stopfst du das Kissen mit dem Füllmaterial aus und verschließt die Öffnung mit Nadel und Faden. Lass dir dabei bei Bedarf von einem Erwachsenen helfen.

FREUNDSCHAFTS-BÄNDER

DU BRAUCHST

- nachleuchtende Wolle in Hellblau, Hellgrün oder Rosa
- ca. 20 nachleuchtende Perlen mit großem Loch in passenden Farben
- Sicherheitsnadel

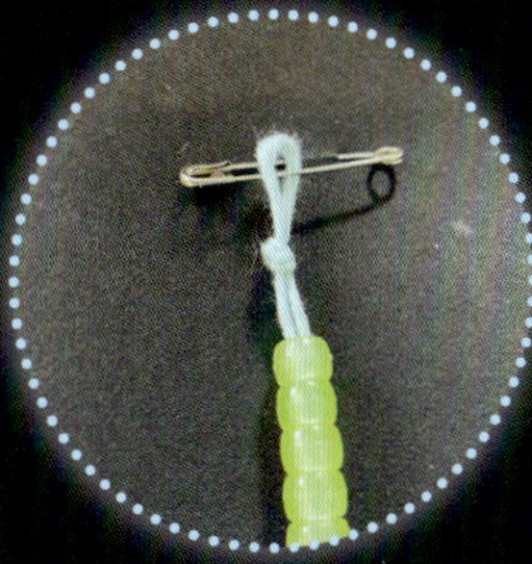

1 Nimm einen 1 m langen Faden. Lege ihn in der Mitte doppelt und mache einen Knoten, sodass eine kleine Schlaufe entsteht. Fädle die Schlaufe auf die Sicherheitsnadel und fixiere die Knüpfarbeit damit zum Beispiel an deinem Hosenbein. Auf die beiden losen Enden fädelst du Perlen auf.

2 Nimm einen 1,5 m langen Faden und knote ihn unterhalb des ersten Knotens um die beiden Fäden mit den Perlen. Achte darauf, dass der Knoten in der Mitte des 1,5 m langen Fadens sitzt und seine Enden etwa gleich lang sind. Das sind die Knüpffäden. Einer liegt auf der rechten Seite, einer auf der linken.

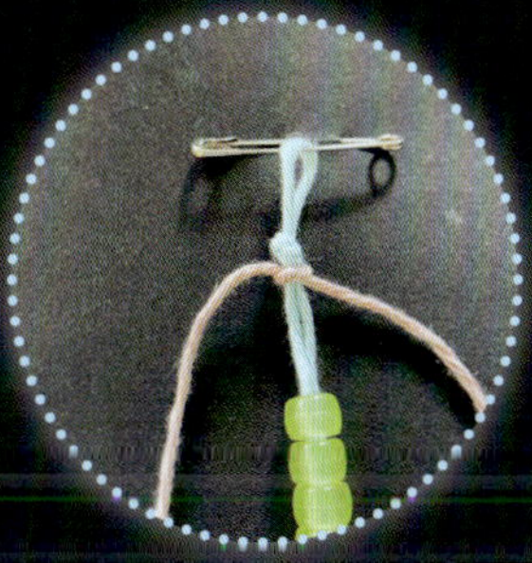

3 Schiebe die erste Perle ganz nach oben und mache den ersten Knoten. Lege den rechten Knüpffaden in einer Schlaufe über die Perlenfäden nach links und unter den linken Arbeitsfaden.

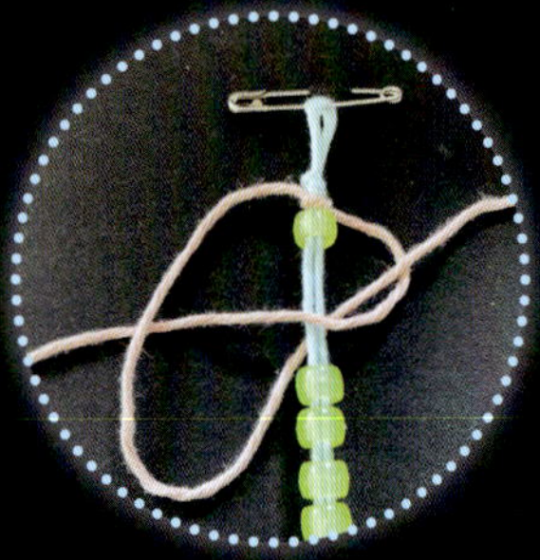

4 Nimm den linken Knüpffaden, führe ihn unter den Perlenfäden nach rechts und von unten nach oben durch die Schlaufe des ersten Knüpffadens. Den ersten Knoten anziehen.

5 Der zweite Knoten geht genau andersherum: lege den linken Knüpffaden über die Perlenfäden nach rechts und unter den rechten Knüpffaden. Dann führst du den rechten Knüpffaden hinten durch die Schlaufe auf die linke Seite. Den zweiten Knoten anziehen. Schiebe die nächste Perle nach oben und wiederhole die beiden Knoten.

6 Mach so weiter, bis das Armband die passende Länge hat, und entferne bei Bedarf übrige Perlen. Zum Abschluss machst du mit allen vier Fäden einen Knoten. Für den Verschluss die Fadenenden mit 10 cm Zugabe abschneiden und immer zwei Enden miteinander verknoten.

TIPP

Du kannst die Freundschaftsbänder auch ohne Perlen knüpfen. Verwende dazu etwas längere Arbeitsfäden.

Getränke
Getränke
B2891
POW

KUNSTVOLLE KIESELSTEINE

DU BRAUCHST

- große, glatte Kieselsteine
- Acrylfarbe in Weiß und Schwarz
- Acryl-Nachleuchtfarbe in Nachleuchtgelb
- Pluster- und Liner-Pen in Nachleuchtgelb, Pink, Rosa, Mintgrün und Schwarz
- UHU Glitter Glue „Glow in the Dark" in Gelb, Grün, Blau, Orange und Pink
- Pinsel
- Schwamm
- Zahnstocher

Vorlage auf Seite 82

1 Zuerst grundierst du deinen Kieselstein, indem du ihn schwarz oder weiß anmalst. Den weißen Stein kannst du anschließend noch zum Leuchten bringen, indem du ihn mit Acryl-Nachleuchtfarbe bemalst. Für einen intensiven Leuchteffekt trägst du die Farbe in mehreren Schichten mit dem Schwamm auf und lässt sie zwischendurch gut trocknen.

2 Zeichne mit Bleistift ein Herz auf den Stein und tupfe die Form mit dem Glitter Glue aus. Setze viele kleine Punkte dicht an dicht nebeneinander. Trage den Klebstoff nicht zu dick auf, da er sonst auf dem schiefen Untergrund verläuft. Gut trocknen lassen, am besten über Nacht.

3 Male mit den Pluster- und Liner-Pens einen Punkt auf den schwarzen Stein und ziehe drumherum mehrere Kreise. Beginne mit Nachleuchtgelb und wechsle dann die Farben zwischen Pink, Nachleuchtgelb, Rosa, Nachleuchtgelb, Mintgrün und zuletzt wieder Nachleuchtgelb. Ziehe mit einem Zahnstocher Linien von der Mitte nach außen, sodass das Muster entsteht. Gut trocknen lassen, am besten über Nacht.

4 Zeichne mithilfe der Vorlage einen Stern auf den dritten Stein und setze dann um die Linie herum viele kleine Punkte mit dem schwarzen Pluster- und Liner-Pen. Innen an der Linie sind die Punkte ganz dicht, nach außen werden die Abstände größer. Gut trocknen lassen, am besten über Nacht.

TRAUMFÄNGER

DU BRAUCHST

- Dekoring, ø 15 cm
- nachleuchtende Wolle in Weiß, Neon-Gelb und Hellblau
- Pappkartonreste
- Pluster- und Liner-Pen in Nachleucht-gelb, Neon-Gelb und Neon-Pink
- Gabel
- UHU Alleskleber

Vorlage auf Seite 87

1 Wickle mit der Gabel einen Pompon in Neongelb und einen Pompon in Hellblau. Folge dazu der Grundanleitung und wickle die Wolle jeweils 50-mal um die Gabel, bevor du sie abbindest.

2 Danach wickelst du mit der Gabel zwei Quasten, eine in Neongelb und eine in Hellblau. Folge dazu der Grundanleitung und wickle die Wolle jeweils 10-mal um die Gabel, bevor du sie abbindest.

3 Zeichne mithilfe der Vorlagen Herz, zwei Sterne und einen Mond auf die Pappe und male die Formen anschließend mit den Pluster- und Liner-Pens aus. Lass die Farbe gut trocknen, am besten über Nacht, und bitte dann einen Erwachsenen, die Motive nach Herstellerangabe aufzu-plustern. Danach schneidest du die Motive aus.

4 Umwickle den Ring mit der Wolle. Verwende dazu die Wolle in Weiß, Hellblau und Neongelb. Dann knotest du einen weißen Faden fest und spannst ihn kreuz und quer. Das Ende wieder festknoten und als Faden für die Aufhängung verwenden.

5 Schmücke den Traumfänger mit den Quasten, Pompons und Papp-motiven. Klebe die Motive dazu auf, knote sie fest oder hänge sie an einem Wollfaden unten an den Ring.

VERRÜCKTE RADIERER
mit leuchtenden Augen

DU BRAUCHST

- Radiergummiknete in Nachleucht-Weiß, Neon-Orange, Neon-Grün, Neon-Gelb und Schwarz
- 3 Bleistifte
- Teelöffel
- stumpfe, dicke Nadel
- Backpapier

1 Nimm einen halben Block Radiergummiknete in Neon-Orange, Neon-Gelb oder Neon-Grün und knete ihn gut auf, sodass er schön weich und geschmeidig ist. Forme die Radiergummiknete zu einer Kugel.

2 Für die Figur in Orange formst du die Kugel zu einem Tropfen und rollst das spitze Ende etwas ein. Für die Figur in Gelb formst du rechts und links eine Spitze. Biege eine Spitze leicht nach oben und eine leicht nach unten. Für die Figur in Grün formst du unten zwei Spitzen als Beinchen.

3 Stecke nun den Stift unten in die Figur. Das geht leichter, wenn du den Stift dabei leicht drehst. Danach kannst du deine Form noch etwas glätten oder nacharbeiten. Reinige deine Hände vor dem nächsten Schritt, damit die nachleuchtende Knete nicht verunreinigt wird.

4 Rolle zwei kleine Kugeln in Nachleucht-Weiß für die Augen. Mache zwei Vertiefungen in deine Figur, z. B. mit einem runden Stift, und drücke die Kugeln hinein. Dann formst du aus einer sehr geringen Menge der schwarzen Knete zwei runde Kügelchen für die Pupillen. Mache mit der Nadel zwei Vertiefungen in die Augen und drücke die Kügelchen hinein.

5 Die fertigen Modelle vom Stift abziehen, auf das Backpapier legen und auf einem Backblech in den kalten Ofen schieben. Nach Herstellerangabe im Ofen aushärten. Danach gut auskühlen lassen und wieder auf die Stifte setzen.

TIPP

Backe die fertigen Figuren am besten sofort im Ofen, da die Knete sonst Risse bekommen kann.

follow
your DREAMS
TRAUMLAND

WEGWEISER

DU BRAUCHST

WOLKE

- Holzschild „Wolke", 40 cm x 20 cm
- Acrylfarbe in Blau
- Acrylmarker in Weiß
- UHU Glitter Glue „Glow in the Dark" in Rosa, Orange, Gelb, Grün und Blau
- Wasser
- Schwamm

PFEIL

- Holzschild „Pfeil", 40 cm x 15 cm
- Nachleuchtpapier, selbstklebend, A5
- Papierklebeband in Nachleuchtend
- Acrylfarbe in Graublau
- Acrylmarker in Weiß
- UHU Glitter Glue „Glow in the Dark" in Rosa, Orange, Gelb, Grün und Blau
- Motivstanzer „Stern", ø 1,6 cm, 2,5 cm und 3,8 cm
- Pinsel
- UHU Alleskleber

Vorlage auf Seite 83

WOLKE

1 Verdünne die blaue Acrylfarbe mit etwas Wasser und trage sie dann mit schnellen Zügen mit dem Schwamm auf dem Schild auf. Lass das Schild danach gut trocknen.

2 Übertrage den Schriftzug auf das Schild und ziehe die Linien mit dem Acrylmarker nach. Am Rand der Wolke malst du eine Strichlinie auf.

3 Wenn die Farbe trocken ist, ziehst du die Strichlinie und den Schriftzug mit dem Glitter Glue nach. Setze zusätzlich kleine Punkte auf die Wolke und male Sternchen auf. Lass den Glitter Glue am besten über Nacht trocknen und hänge das Schild dann mit der Schnur auf.

PFEIL

1 Bemale das Holzschild mit der Acrylfarbe und lass es gut trocknen. Dann klebst du am Rand entlang das Papierklebeband auf. Übertrage mithilfe der Vorlage den Schriftzug und ziehe die Linien mit dem weißen Acrylmarker nach.

2 Stanze aus dem Nachleuchtpapier Sterne aus und klebe sie auf das Schild. Damit sie gut halten, verwendest du dazu den Alleskleber. Den Mond schneidest du mithilfe der Vorlage aus dem Nachleuchtpapier aus.

3 Ziehe den Schriftzug mit dem Glitter Glue nach und setze kleine Punkte auf das Schild. Lass alles gut trocknen, am besten über Nacht. Hänge das Schild anschließend mit der Schnur auf.

MAGISCHES FEENGLAS

DU BRAUCHST

- Glas mit Schraubdeckel, ca. ø 8 cm, 15 cm hoch
- UHU Glitter Glue „Glow in the Dark" in Rosa, Hellblau und Gelb
- Windowcolor-Konturenfarbe in Weiß
- Windowcolor in Nachleuchtgelb
- Malfolie
- Bastelfilz in Türkis, ca. 15 cm x 15 cm
- dünnes Dekoband in Gelb

Vorlage auf Seite 80

1 Lege eine Kopie der Vorlage unter die Malfolie, ziehe die Linien der Libelle mit der Konturenfarbe nach und tupfe die Punkte auf die Flügel auf. Zeichne auf diese Weise drei oder vier Libellen und lass sie anschließend trocknen, am besten über Nacht.

2 Fülle die freien Flächen der Flügel mit der Windowcolorfarbe in Nachleuchtgelb und male den Körper und die Fühler noch einmal nach, damit sie später leuchten. Wieder alles gut trocknen lassen. Die nachleuchtende Farbe wird dabei transparent.

3 Löse die Libellen vorsichtig von der Malfolie und streiche sie auf dem Glas auf. Danach tupfst du mit dem Glitter Glue rundum Punkte auf das Glas. Lass den Glitter Glue gut trocknen, am besten über Nacht.

4 Schraube den Deckel auf das Glas. Schneide aus dem Bastelfilz einen etwa 12 cm großen Kreis aus und binde ihn mit dem Band um den Deckel.

TIPP

Reinige das Glas zuvor mit Spiritus von Fett und Schmutz, damit die Farben besonders gut halten.

TIPP

Bitte einen Erwachsenen, die Knotenenden mit einem Tropfen Sekundenkleber zu sichern, damit sie nicht aufgehen. Fädle zusätzlich einen dünnen Schmuckdraht durch die Perlen, dann wird der Delfin stabiler.

NIEDLICHE DELFINE

DU BRAUCHST

- Schmuckkordel in Silber oder Türkis, 1,30 m und 2x 20 cm lang
- 30 nachleuchtende Perlen mit großem Loch in Türkis oder Blau
- 7 nachleuchtende Perlen mit großem Loch in Weiß
- nachleuchtende Perle mit großem Loch in Gelb

Fädelskizze auf Seite 80

1 Beginne an der Schwanzflosse. Ziehe die erste Perle mittig auf die Kordel und ziehe dann das andere Kordelende in entgegengesetzter Richtung durch die Perle, sodass sich die Kordelenden in der Perle kreuzen (siehe Fädelskizze).

2 Nun geht es mit der ersten Flossenhälfte weiter. Kreuze die Kordelenden durch zwei Perlen und danach durch eine Perle. Die zweite Flossenhälfte wird mit nur einem Faden gearbeitet. Fädle vier Perlen auf, lege die Kordel um die letzte Perle herum und fädle sie nochmals durch die zweite und dritte Perle. Danach wie abgebildet noch einmal durch die erste Perle kreuzen. Die zweite Flossenhälfte ganz dicht an die erste schieben.

3 Nun geht es in Reihen weiter. Fädle die Perlen bis zum Auge nach Fädelskizze auf und arbeite dabei am Bauch die weißen Perlen ein. In der Augenreihe fädelst du auf jedes Kordelende zwei Perlen. Dann fädelst du jedes Kordelende durch die Augenperle und wieder zurück durch die zwei Perlen, durch die es gekommen ist. Die Augenperle wird in der Mitte von beiden Kordelenden festgehalten und zeigt mit dem Loch nach oben.

4 Fädle die übrigen Reihen bis zur Spitze. Verknote die Fäden fest miteinander und schneide sie ab.

5 Bringe zum Schluss die Seitenflossen an. Fädle dazu jeweils ein kurzes Kordelstück durch die markierte Perlenreihe (siehe Fädelskizze). Ziehe jeweils die Perlen für die Flosse auf und fädle die Kordel dann eine Perlenreihe weiter wieder durch den Delfin. Die Enden fest miteinander verknoten und abschneiden.

FUNKELNDE STERNBILDER

DU BRAUCHST

- Malkarton oder Keilrahmen, 20 cm x 20 cm, 10 cm x 10 cm oder 10 cm x 8 cm
- Acrylfarbe in Blau und Magenta
- Acryl-Nachleucht-farbe in Nachleucht-gelb
- Pluster- und Liner-Pen in Nachleucht-gelb
- Acrylmarker in Schwarz
- Schwamm
- Wasser

Vorlage auf Seite 89

1 Befeuchte den Malgrund mit dem Schwamm. Tupfe dann die Acrylfarbe mit dem feuchten Schwamm auf, sodass ein spannender Nachthimmel entsteht, der mal dunkler und mal heller ist. Gut trocknen lassen.

2 Verwandle den Nachthimmel in einen Sternenhimmel. Tupfe dazu mit dem Borstenpinsel an einigen Stellen etwas Leuchtfarbe auf und lass die Farbe gut trocknen.

3 Übertrage die Vorlage für den Bären, den Storch oder den Delfin auf den Malgrund und male das Motiv mit dem schwarzen Acrylmarker aus. Lass die Farbe gut trocknen und male dann die Sternpunkte und Linien im Innern mit dem Pluster- und Liner-Pen auf. Tupfe zusätzlich kleine Punkte auf das gesamte Bild, damit der Sternenhimmel noch lebendiger wird. Gut trocknen lassen.

Hi!
131
131

LESEZEICHEN
für nachtaktive Leseratten

DU BRAUCHST

- Nachleuchtpapier, selbstklebend, 6 cm x 14 cm
- Tonkarton in Neonorange, -pink oder -grün, 7 cm x 15 cm
- 2 Wackelaugen, nachleuchtend, ø 1,5 cm oder 1,2 cm
- Schneidemesser oder kleine, spitze Schere
- Nachleuchtwollreste
- Bürolocher
- UHU Alleskleber

Vorlage auf Seite 88

1 Schneide das Nachleuchtpapier mithilfe der Vorlage aus. Beginne dabei mit dem Innenschnitt an der Nasenlinie entlang und schneide erst dann die Kontur aus.

2 Ziehe das Trägerpapier auf der Rückseite ab und klebe das Lesezeichen auf den Tonkarton. Schneide das Lesezeichen mit einem 5 mm breiten Rand noch einmal aus dem Tonkarton aus. Dabei auch die Nasenlinie noch einmal nachschneiden.

3 Stanze oben mittig das Loch ein. Nimm drei etwa 15 cm lange Wollfäden und knote sie an dem Loch als Haare fest.

4 Zum Schluss klebst du mit Alleskleber die Wackelaugen auf. Du kannst frei wählen, ob du zwei kleine, zwei große oder ein großes und ein kleines Auge auf dem Lesezeichen anbringst.

VORLAGEN

AQUARIUM
SEITE 18

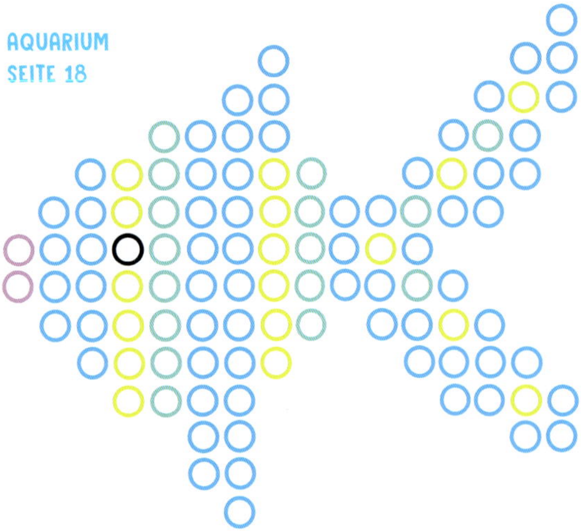

- Nachleucht-Blau
- Nachleucht-Rosa
- Blaugrün
- Gelb
- Schwarz

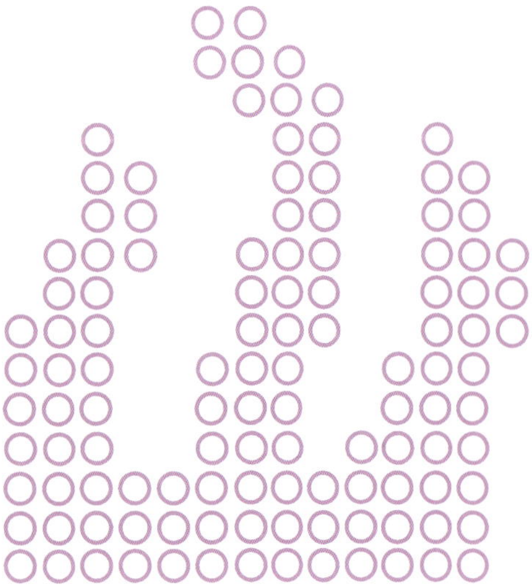

NIEDLICHE DELFINE
SEITE 75

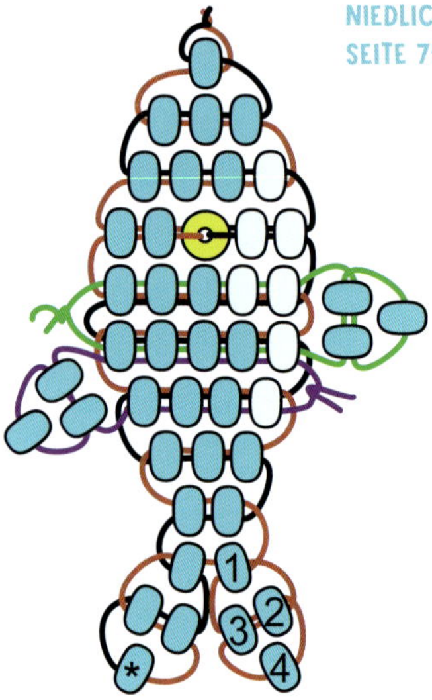

* Startperle
– rechtes Fadenende
– linkes Fadenende
= Zusatzfaden für Flosse

MAGISCHES FEENGLAS
SEITE 72

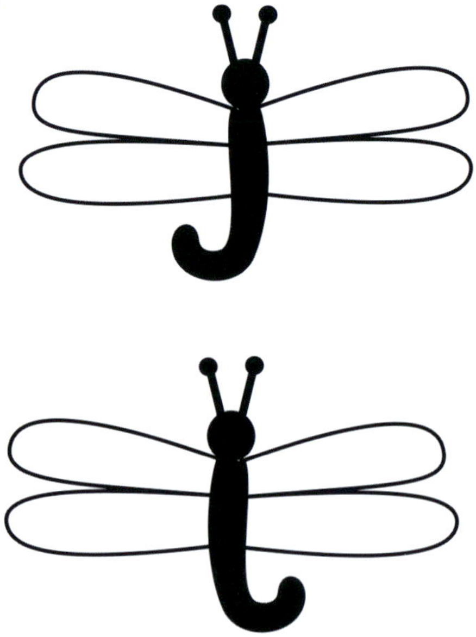

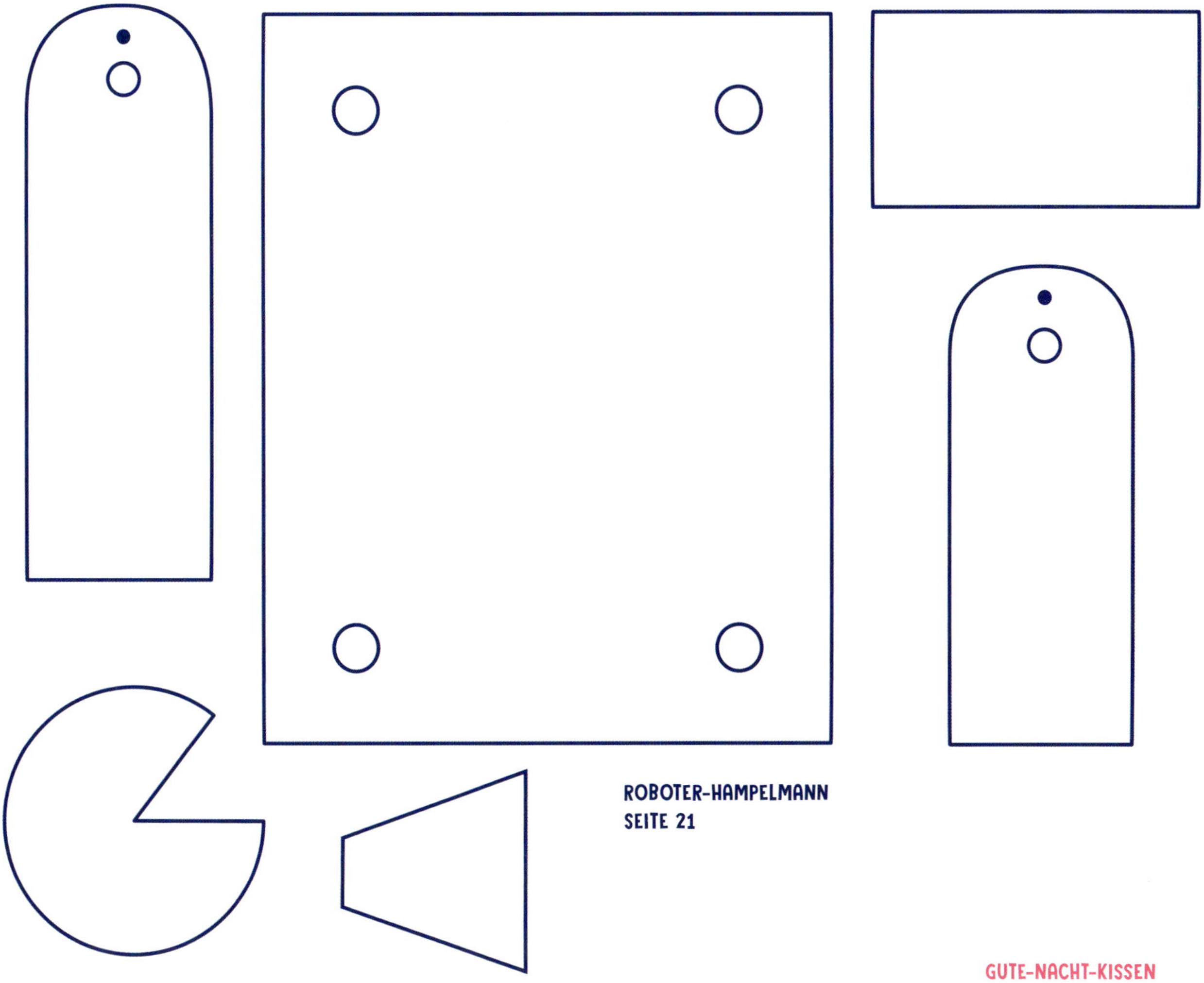

ROBOTER-HAMPELMANN
SEITE 21

GUTE-NACHT-KISSEN
SEITE 58

GIGANT DER URZEIT
SEITE 55

Auf 170 % vergrößern

KUNSTVOLLE
KIESELSTEINE
SEITE 65

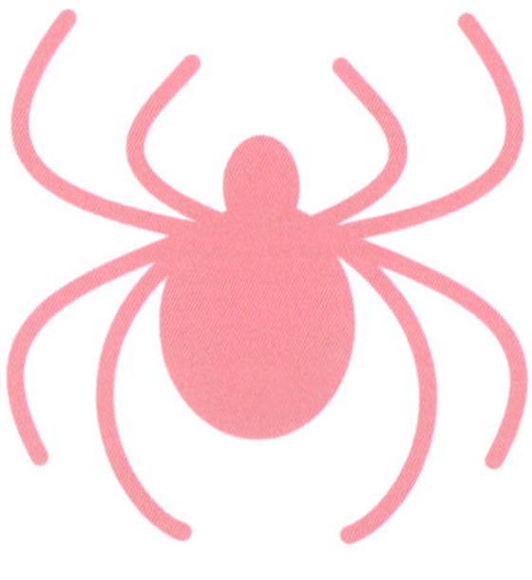

SPINNENNETZ
SEITE 49

WEGWEISER
SEITE 71

Auf 125 % vergrößern

FLEDERMAUSMASKE
SEITE 42

Auf 110 % vergrößern

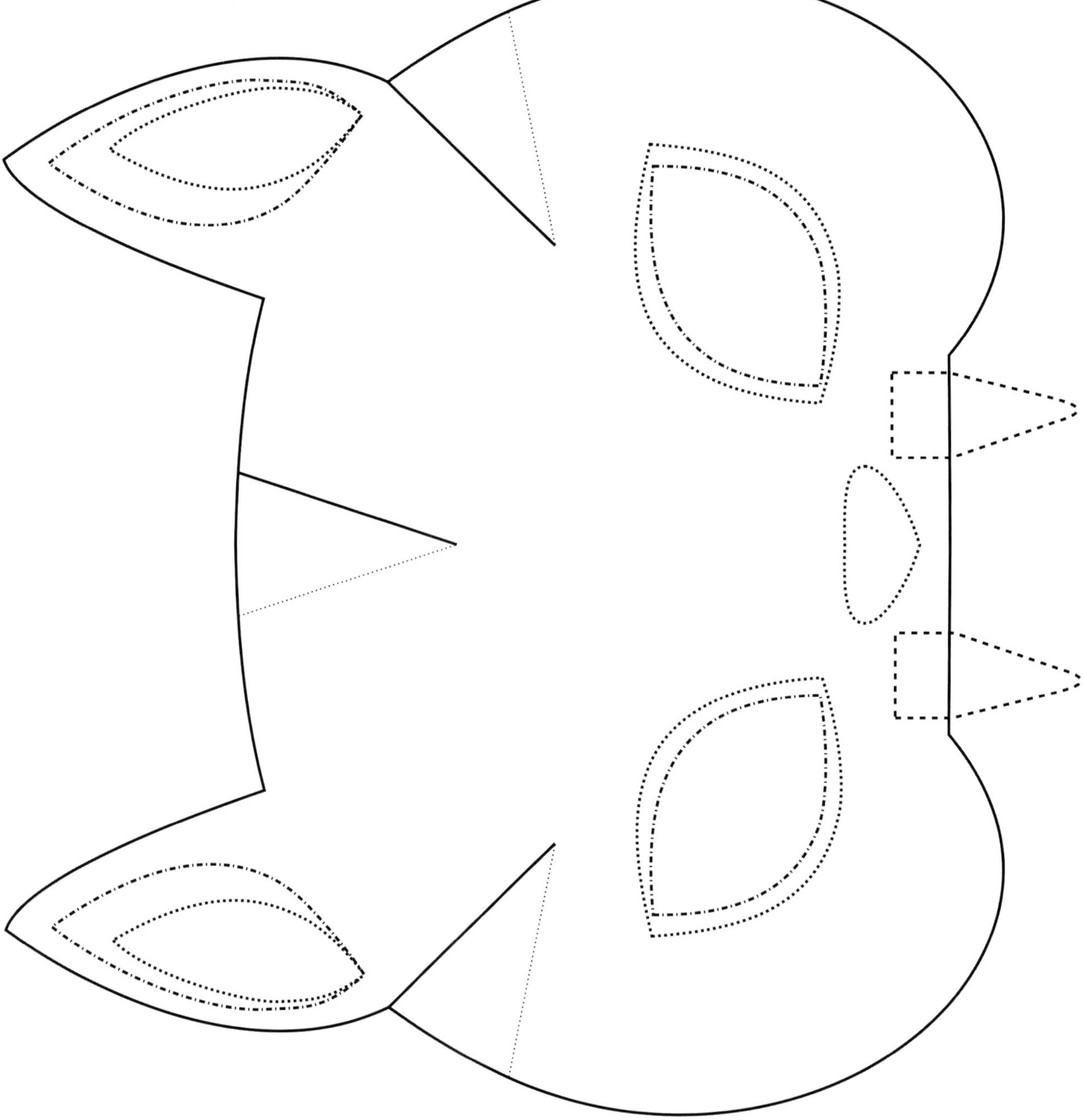

HALLOWEENKATZE
SEITE 52

Auf 125 % vergrößern

KLEINE MEERJUNGFRAU
SEITE 14

MEXIKANISCHER TOTENKOPF
SEITE 46

TRAUMFÄNGER
SEITE 66

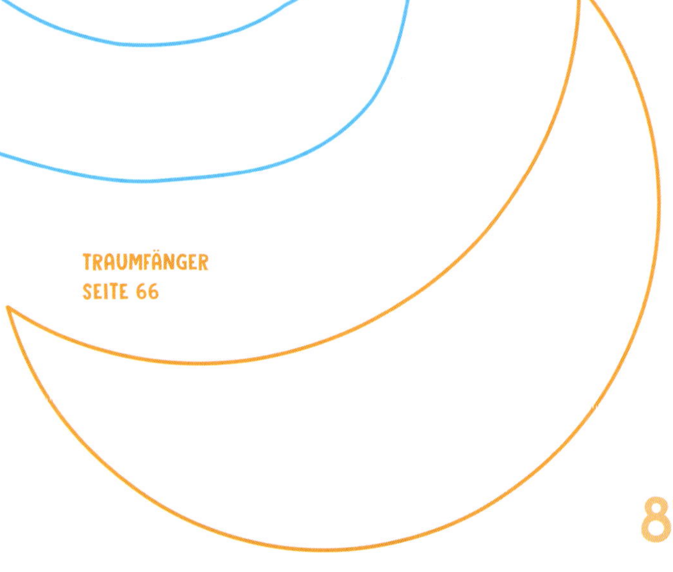

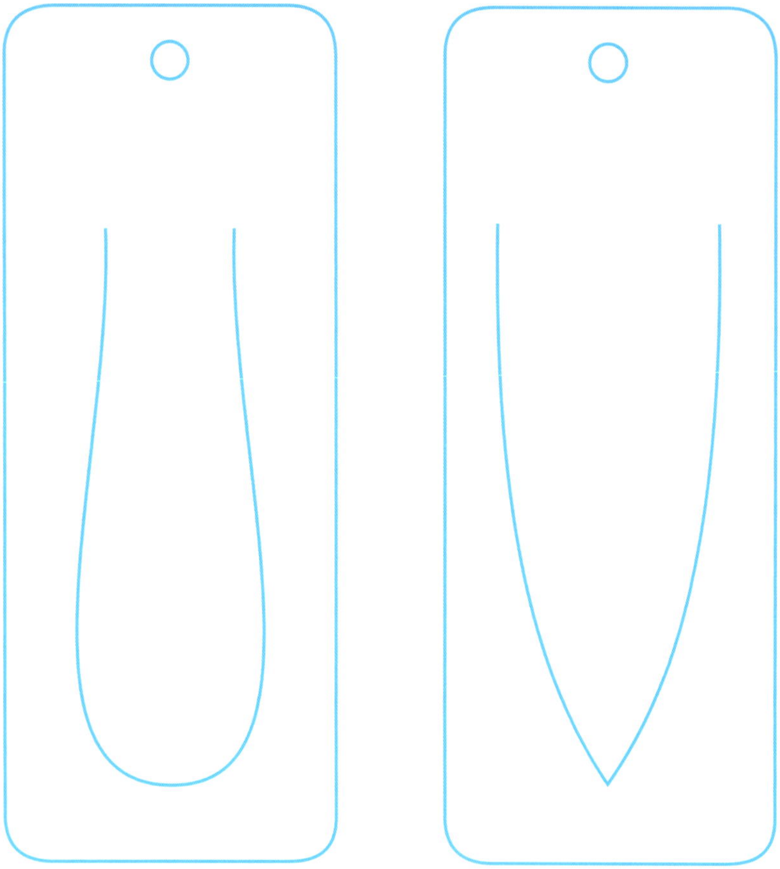

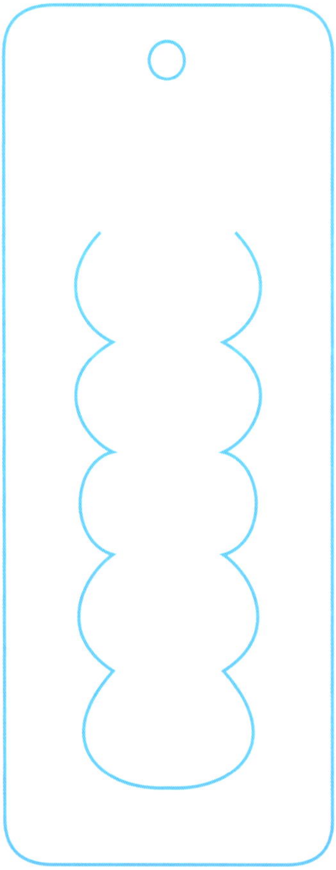

LESEZEICHEN
SEITE 79

Auf 110 % vergrößern

STERNENLICHT-RAKETE
SEITE 17

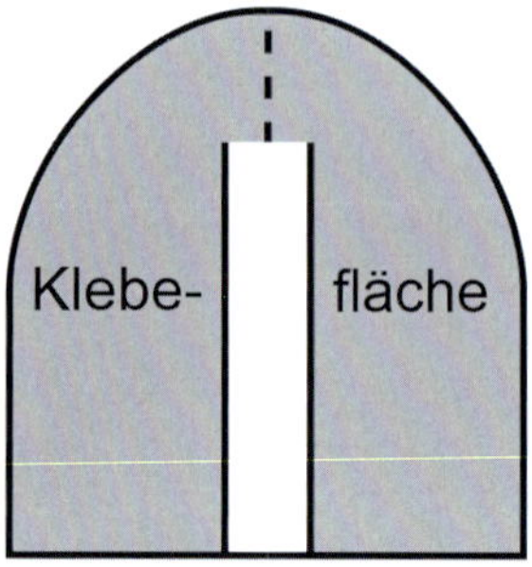

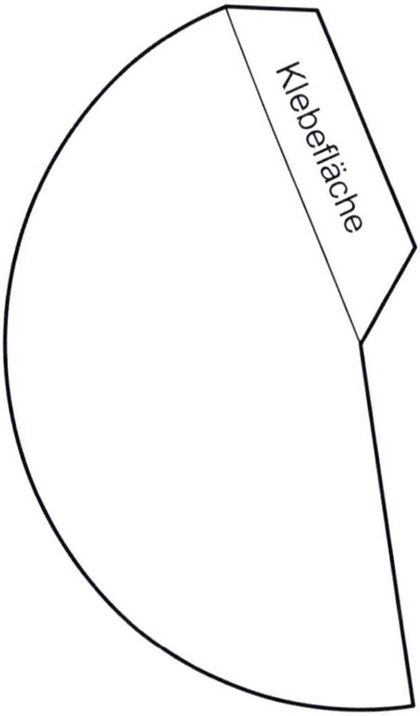

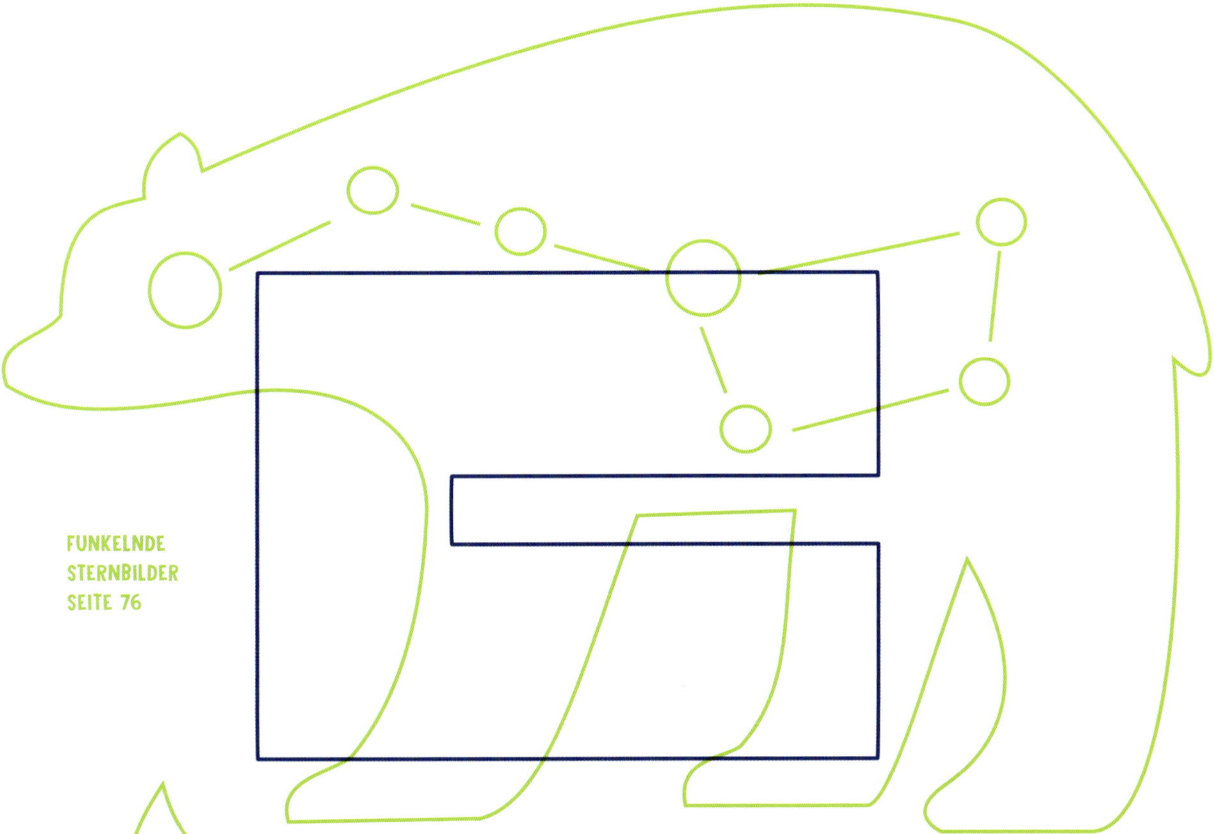

FUNKELNDE
STERNBILDER
SEITE 76

PLÜSCHIGE
MEERESBEWOHNER
SEITE 25

Buchempfehlungen für Dich

Noch mehr Kreativ-Bücher gesucht?

ISBN 978-3-7358-9169-3

ISBN 978-3-7358-9171-6

ISBN 978-3-7358-9189-1

ISBN 978-3-7358-9172-3

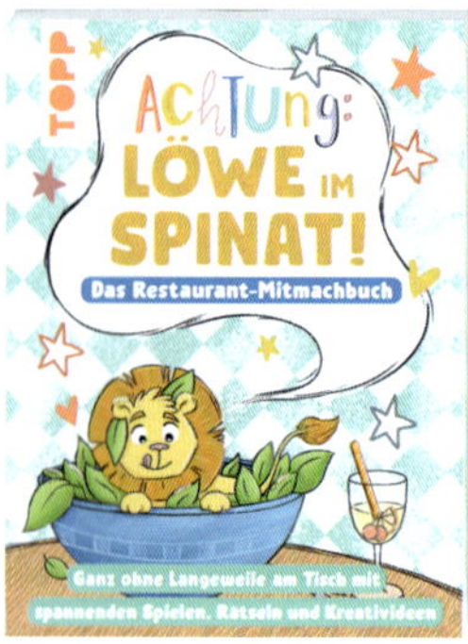

ISBN 978-3-7358-9176-1

ISBN 978-3-7358-9180-8

ISBN 978-3-7358-9177-8

ISBN 978-3-7358-9182-2

ISBN 978-3-7358-9183-9

Viele weitere Kreativ-Bücher findest du auf www.TOPP-kreativ.de

#TOPPPROJEKT

Die eigene Kreativität zeigen: TOPPprojekt mit anderen Kreativen teilen und Teil der Gemeinschaft werden.

DIY-begeistert und auf Instagram? Dann unbedingt mitmachen! Hier gibt's Tipps und Feedback zu den eigenen Projekten. Außerdem verlosen wir jeden Monat ein Überraschungspaket. Um am Gewinnspiel teilzunehmen, einfach ein Bild vom Kreativ-Projekt aus unseren Büchern mit #TOPPprojekt posten und unserem Account @frechverlag folgen. Mehr Infos auf TOPP-kreativ.de/TOPPprojekt

Website
Auf TOPP-kreativ.de kannst du ein riesiges Angebot von über 1.000 Kreativbüchern, Sets & mehr entdecken.

Newsletter
Gleich anmelden unter: TOPP-kreativ.de/newsletter und immer als Erstes von unseren Neuheiten und Sonderaktionen erfahren.

Instagram
@frechverlag

Pinterest
pinterest.com/frechverlag

Facebook
facebook.com/frechverlag

DigiBib
Hier findest du zusätzlich zu vielen unserer Bücher digitale Extras, wie Video-Tutorials, Plotter-Dateien, Vorlagen, Übungsblätter & vieles mehr. Einfach im Impressum deines TOPP-Buchs den Freischalte-Code nachschlagen und exklusive Inhalte freischalten. TOPP-kreativ.de/digibib

Youtube
youtube.com/frechverlag

Susanne Pypke arbeitet als freie Lektorin und Kreativ-Autorin im Stuttgarter Westen. Ihre Leidenschaft für das Selbermachen hat sie schon früh entdeckt. Nichts war schöner, als an Regentagen zu basteln, in Mamas Nähkästchen zu kramen oder die Gerätschaften in Papas Werkstatt auszuprobieren. Ihr Können setzt sie bis heute in zahlreichen DIY-Projekten um. Ein kleiner Ausschnitt davon ist auf ihrem Kreativblog fraeuleinfloh.blogspot.de zu sehen.

DIE DIGIBIB – ALLE UPDATES FÜR DICH!

Hier findest du alle aktuellen Infos zu deinem Produkt, außerdem Extras, Videos, Vorlagen und mehr!

www.topp-kreativ.de/digibib

Freischaltcode: 59574

SERVICE-HOTLINE

Hast du Fragen oder gibt es ein Problem? Wir helfen dir gern. Ruf uns an oder schreib uns eine E-Mail:

Telefon: 0711 / 123 757 20*

*normale Telefongebühren

E-Mail: hilfe@frechverlag.de

Weitere Informationen zum Verlag und zu unserem gesamten Programm findest du unter: www.topp-kreativ.de

IMPRESSUM

FOTOS: frechverlag GmbH, 70839 Gerlingen; lichtpunkt, Michael Ruder, Stuttgart
MODELLE UND SCHRITTFOTOS: Susanne Pypke
PRODUKTMANAGEMENT: Melissa Portz
COVER: Petra Schmidt
HERSTELLUNG: Carina Scheffel
LAYOUT UND SATZ: Ramona Gaar, Werbeagentur Rypka GmbH, www.rypka.at
DRUCK: POLYGRAF PRINT spol. s r.o.

Ein besonderer Dank für die Bereitstellung der Materialien geht an Baier & Schneider GmbH & Co. KG (Heyda, KNORR prandell), Buntpapierfabrik Ludwig Bähr GmbH & Co. KG, C.Kreul GmbH & Co. KG, Marabu GmbH & Co. KG, Rayher Hobby GmbH, Rico Design GmbH & Co. KG, Staedtler SE und UHU GmbH & Co. KG.

1. Auflage 2024

ISBN 978-3-7358-9170-9 · Best.-Nr. 29170

MIX
Papier | Fördert gute Waldnutzung
FSC® C023577
www.fsc.org

Penguin Random House Verlagsgruppe
FSC® N001967

YEAH!
POW